An den Leser

»Verflucht sei der, der meine Gebeine bewegt!« Diese Warnung findet man, eingemeißelt in eine Grabplatte, in der Pfarrkirche des westenglischen Städtchens Stratford. Unter ihr liegt seit 1616 ungestört der sterbliche Körper von William Shakespeare.

Der unsterbliche Korpus seiner Werke wird von keiner derartigen Warnung geschützt. So wurde er unter einem Berg von Büchern begraben. Über Shakespeare wurden mehr Bücher geschrieben als über jeden anderen einzelnen Gegenstand. Ein Himalaja von Deutungen und Interpretationen, von Untersuchungen über jeden erdenklichen Aspekt, angefangen von Weitwinkelstudien zur elisabethanischen Gesellschaft, zur Mentalität, zum Hofleben etc. bis zu den Arbeiten der poetologischen Mikrophysik wie »Das Bild des Unkrauts in *Hamlet*« – wenn es eine Seite des Shakespeareschen Werkes gibt, die noch unbearbeitet geblieben ist, so kennen wir sie nicht. »Und«, so ruft jemand in der Menge, »trotzdem muten Sie uns ein weiteres Buch über Shakespeare zu?« Ja, mein Freund, denn es gilt der Grundsatz: »Gegen Bücher helfen nur Bücher.«

Nicht, daß diese Masse von Büchern wertlos wäre oder unwissenschaftlich oder zu leichte Kost. Manche von ihnen sind sehr gehaltvoll und nahrhaft. Sie sind auch nicht ungesund, jedenfalls nicht alle. Sie sind nur nicht bekömmlich. Nun ist der Verzicht auf Nahrung im Reich des Geistes viel gefährlicher als bei der körperlichen Ernährung. Sollte man nämlich auf den Gedanken verfallen, aus Ekel vor dem Überhandnehmen des Junkfood das Essen ganz einzustellen, wird ein scharfes Hungergefühl uns bald dazu nötigen, die Speisekammer zu plündern.

Kein solches Warnsystem schützt uns im Reiche der geistigen Nahrung. Wer an geistiger Unterernährung leidet, bemerkt seine Symptome nicht. Die bemerken lediglich die anderen.

Weil uns solch ein Warnsystem fehlt, wird unsere Gesellschaft immer wieder von Hungersnöten und den sie begleitenden Epidemien bedroht.

Nun muß man wissen, daß die unbekömmlichen Bücherberge, die von der sogenannten Shakespeare-Industrie hervorgebracht werden, gar nicht für Leser geschrieben werden. Sie werden verfaßt für Fachkollegen, die als Mitglieder von Kommissionen darüber zu entscheiden haben, ob der Autor promoviert, habilitiert, berufen, befördert, beamtet oder entlassen wird oder ob er, wenn all dies hinter ihm liegt, nach dem Urteil seiner Fachkollegen ein Wissenschaftler von Rang ist. Außer diesen Fachkollegen wird das Werk niemand freiwillig lesen. Deshalb orientieren sich die Autoren allein am Kriterium der Wissenschaftlichkeit.

(...)

Hinter all diesem (...) möchte ich Shakespeare wieder hervorholen. Zu diesem Zweck werde ich seine Stücke einfach erzählen, so daß der Leser erfährt, was in ihnen passiert. Das hat im 19. Jahrhundert der englische Essayist Charles Lamb schon einmal getan. Er hat die Stücke für Kinder erzählt. Nun, ich werde sie für Erwachsene erzählen, und zwar für Erwachsene, die etwas vertragen können. Denn Shakespeare mutet uns einiges zu.

Und warum Shakespeare?

Nun, hier weiß ich mich mit den Lesern einig, daß man diese Frage nicht mehr ernsthaft stellt. Wir wissen alle, Shakespeares Dramen sind für das moderne Europa so etwas wie die griechischen Mythen für die Antike: die Erzählungen, aus denen unsere Kultur die Bilder für ihre Selbstbeschreibung gewinnt. Mit anderen Worten: unser kulturelles Gedächtnis.

Und besonders für Deutschland gilt: Sie stehen an der Wiege unserer eigenen modernen Literatur. Die Geburt unserer Literatur in der romantischen Kulturrevolution nach 1750 wäre ohne Shakespeare nicht denkbar. Für uns wurde er sogar wichtiger als für die Briten. Ohne den Bezug auf Shakespeare können wir uns nicht verstehen. Er ist für uns das, was man einen Kulturheros nennt, eine Gründungsgestalt wie Moses für die Juden oder Aeneas für die Römer. (Man sieht an diesen beiden Beispielen: Solche Gründungsgestalten gehören logischerweise nicht zu den Völkern, die sie erst schaffen. Moses ist Ägypter und Aeneas Trojaner.)

Aber all dies ist selbstverständlich.

Darüber hinaus habe ich aber einen persönlichen Grund, um ein Buch über Shakespeare zu schreiben. Ich habe meine Karriere als Anglist und Hochschullehrer Shakespeare zu verdanken. Immer wieder war er an den entscheidenden Weichenstellungen beteiligt. Das erste Mal geschah es, als ich elf Jahre alt war. Ich war nach dreijährigem Aufenthalt bei Schweizer Bergbauern plötzlich zu meiner Familie ins Ruhrgebiet zurückgekehrt und hatte zum erstenmal in meinem Leben eine Schule besucht. Die Knaben dieser Schule litten unter einem strikten Prügelverbot ihrer Mütter, die, noch ohne Waschmaschine, nicht ständig die im Bodenkampf verschmutzten Kleider ihrer Sprößlinge waschen wollten. Das nötigte die hochaggressiven Burschen dazu, ihre Prestigekämpfe in Form rhetorischer Schimpfwettbewerbe auszutragen. Und da war ich praktisch chancenlos. Die berndeutschen Schimpfwörter, die ich kannte, wie *Sauchaid, blöde Liach, Löu* oder *Stürmu,* waren völlig wirkungslos und lösten allenfalls Gelächter aus. Und hochdeutsche kannte ich nicht. Ich schämte mich entsetzlich ob meiner Impotenz. Ich war der Geringste von allen.

Doch nicht lange. Beim Wühlen im heimischen Bücherschrank hatte ich zufällig Shakespeares *Heinrich IV.* aufgeschlagen, und wer beschreibt meine Verblüffung, als ich in dem, was ich bisher für eine Sammlung hehrer Gefühle und erhabener Gedanken gehalten hatte, ausgerechnet Schimpfwettbewerbe fand, Schimpfwettbewerbe zwischen dem schlanken Prinzen Hal und seinem fetten Freund Falstaff, dem großartigsten Fettwanst der Literatur. Hier war ich plötzlich auf ein Waffenlager gestoßen mit einem außerordentlich reichen Munitionsvorrat. Ich beschloß, die Schimpfwörter, die ich dort fand, in Listen zusammenzustellen und dann so auswendig zu lernen, daß ich sie gleich einem Maschinengewehr mit hoher Geschwindigkeit hintereinander, ohne

Atem zu holen, ausstoßen konnte, um den Gegner schon durch die schiere Rasanz niederzustrecken.
An dem Tag, den ich für den High Noon ausgesucht hatte, provozierte ich unseren Klassendicken, eine frühe Version der Couch Potato, zu einer Beleidigung und ließ dann folgende Kaskade von Beschimpfungen auf ihn niederregnen: »Du Schweinebraten, du Bettdrücker, du grützköpfiger Wanst, du schmutziger Talgkloß, du Wulstpuppe, wann hast du zuletzt deine Beine gesehen? Du aufgedunsener Ballen Wassersucht, du Beuteltrog der Bestialität, du vollgestopfter Kaldaunensack, du gebratener Krönungsochse mit dem Pudding im Bauch, du Fleischkloß und du Wollsack, du weichbäuchiger Titan, der einen Teller mit Butter küßt, du Pferderückenbrecher...«

Während dieser Kaskade war der Fettsack vor Erstaunen erstarrt und hatte runde Augen bekommen. Auch die anderen Knaben hatten ihre privaten Rempeleien unterbrochen und hörten zu. Die schiere Originalität dieser Ausdrücke, die mit der Geschwindigkeit von Kanonenkugeln an ihnen vorbeisausten und satt in das Fleisch des Fettwanstes klatschten, war für sie unwiderstehlich. Als nun ein spindeldürrer Knabe, der sonst das erste Opfer des Fettwanstes war, die Reinheit meines Triumphes dadurch verderben wollte, daß er sich als Trittbrettfahrer [betrug], ließ ich ihn Falstaffs Erwiderung hören: »Fort mit dir, du Hungerbild, du Aalhaut, du getrocknete Rinderzunge, du Stockfisch, du Schneiderelle, du Degenscheide, du Bogenfutteral, du geschnitzte Käserinde, du gespaltener Rettich, bist du so wütend wie eine ergrimmte Taube oder die allerheldenmütigste Maus?«

Es war wie ein Wunder! Von der Sekunde an, in der ich geendet hatte, blickte ich nur noch in Gesichter, die Respekt und Hochachtung ausdrückten. Mit einer einzigen Vorführung meiner Waffen war ich zum Champion in der Disziplin der Schimpfkanonade geworden. Meine Eingliederung in die deutsche Schule war gelungen.

Als ich dann Anglistik studierte, war es, um Shakespeare besser verstehen zu können. Das war noch vor 1968, zu Zeiten, da es die Massenuniversität schon gab, diese aber noch nach den Prinzipien Humboldts betrieben wurde. Eine Betreuung gab es nicht. Alle Veranstaltungen waren überfüllt, und man war sich selbst überlassen. Die wenigen Professoren kannten nur wenige der Studenten, die sie prüften. Das waren dann die, die sich in den Massenseminaren durch ihre hervorragenden Beiträge und ausgezeichneten Referate hervorgetan hatten.

Mein Prüfer war der Herausgeber des Shakespeare-Jahrbuches, Professor Hermann Heuer. Ich hatte mich weder durch hervorragende Beiträge noch durch ausgezeichnete Referate hervorgetan. Aber ich hatte in einer englischen Inszenierung des *Sommernachtstraums* den Zettel gespielt, der von Puck in einen Esel verwandelt und von der Feenkönigin Titania umturtelt wird. Eine Zeitlang zeigt diese Figur ja einen Eselskopf. Diese Inszenierung wurde auch von Professor Heuer besucht.

Darauf gehörte ich zu den Studenten, die er kannte. Da er aber schon einige Semester später sich nicht mehr erinnerte, woher er mich kannte, mich aber irgendwie mit einem Esel im *Sommernachtstraum* in Verbindung brachte, glaubte er, ich hätte eine ausgezeichnete Arbeit über *Tierdämonen und die Parallelen zwischen Hexensabbat und dem Sommernachtstraum* geschrieben. Da er schließlich nur solche Studenten kannte, die ausgezeichnet waren, glaubte er, ich müsse mich durch Leistungen im Seminar ausgezeichnet haben. Denn sonst würde er mich ja nicht kennen.

Nach meinem Examen, in dem die Tierdämonen und die Parallele zwischen Hexensabbat und *Sommernachtstraum* eine große Rolle spielten, machte er mich zu seinem Assistenten. Das war das Eingangstor zur Laufbahn des Hochschullehrers.

Obwohl dieser Weg ins Gebiet der Shakespeare-Industrie führt, habe ich doch auch Shakespeare selber getroffen. Im Januar 1978 habe ich an der Universität Hamburg nach angloamerikanischem Vorbild eine Art Theatre-Workshop gegründet. In ihm haben in fast zwanzig Jahren über 1000 Studentinnen und Studenten mitgearbeitet, und ich habe mit eigenen Augen gesehen, wie ihnen – Kindern des ausgehenden 20. Jahrhunderts – der Geist Shakespeares erschienen ist. Ich habe erlebt, wie die Schauspieler bei den Proben auf magische Weise in die Welt des Textes hineingezogen wurden. Und wie sie wie bei einer Levitation vom Boden abhoben und zu schweben begannen und wie alle zusammen zum pulsierenden Medium einer magischen Sprache wurden, die ihr Leben entbanalisierte. Und wie sie alle nach der letzten Vorstellung wie betäubt auf der Erde landeten und Tage danach wie nach einem großen Rausch wieder auf der Bühne auftauchten und nach etwas Unbestimmtem suchten, das sie verloren hatten: die Welt, in der sie wochenlang gelebt hatten. Bis einer von ihnen die entscheidende Frage stellte: »Was spielen wir als nächstes?«

(...)

Nun, meine enge Beziehung zu Shakespeare war durch die Konstellation der Sterne vorherbestimmt. Ich habe am gleichen Tag Geburtstag. Das hört sich leicht an, hat aber auch eine finstere Seite: Shakespeare ist auch an seinem Geburtstag gestorben, und zwar im 52. Jahr. Da ich es einerseits für übertrieben hielt, aus lauter Shakespeare-Verehrung ebenfalls an meinem 52. Geburtstag zu sterben, da ich es aber andererseits irgendwie peinlich fand, älter zu werden als dieser Gott, habe ich meinen 52. Geburtstag nicht gefeiert. Und beschlossen, nicht mehr älter zu werden. Seitdem kommen Geburtstage bei mir nicht mehr vor. Und das wird solange gehen, bis Shakespeare persönlich die Maske fallen läßt und zugibt, daß er selbst seine eigene Erfindung ist: ein Geist wie Hamlets Vater, und daß sein wirklicher Name lautet: Edward de Vere, Earl of Oxford.

HAMLET

Wenn wir in einer klaren Nacht unsere Augen zum Himmel erheben und auf einen der Millionen Lichtpunkte konzentrieren, schauen wir vielleicht in die Vergangenheit. Vielleicht ist der Stern, den wir da anstarren, viele tausend Lichtjahre entfernt und schon längst erloschen. Dann sehen wir, was nicht mehr existiert, und sehen nicht, daß wir das sehen.

An sich sind wir Süchtige nach Sights, nach Sehenswürdigkeiten. Wir besteigen schneebedeckte Berge, wo das Atmen zur Qual wird, nur um einen guten Rundblick zu haben. Wir schwärmen aus, durchqueren tödliche Wüstenzonen, tauchen in abgrundtiefe Gewässer und lassen uns, in stählerne Zigarren gepfercht, wie Galeerensklaven durch den Hexenkessel dampfender Tropengewitter fliegen, nur um in fernen Ländern immer neue Städte, Menschen, Bauwerke und Naturwunder zu sehen. Wir blicken durch Elektronenmikroskope in das Innere der Materie, wir schielen der Natur unter die Röcke, und wir haben in unseren Wohnzimmern flimmernde Kästen installiert, mit deren Hilfe wir jederzeit in jeden Kontinent und jede Klimazone der Welt blicken können. Ja, wir können in die Kapitänskajüte der Titanic schauen, in den

Uterus unserer Frauen und auf die Rückseite des Mondes.

Doch sehen wir, was wir sehen?

Was sieht man dagegen, wenn man in ein Buch blickt? Nehmen wir Shakespeares »Hamlet«. Wir sehen den Fjord von [Helsingör], und wir sehen einen jungen Mann in Schwarz. Wir sehen über 2500 Jahre hinweg nach Athen, wo die Tragödie entstand. »Hamlet« ist nach 2000 Jahren wieder die erste europäische große Tragödie. Und so sehen wir das London von 1602: Es ist Nachmittag, und am südlichen Themse-Ufer hat sich das Globe-Theater gefüllt. Auf den drei umlaufenden Galerien plaudern und scherzen die Vornehmen. Die Vertreter aller Stände der Gesellschaft haben sich hier eingefunden. Wozu? Was treibt sie her? Nun, mit dem Theater betreten sie eine Institution, die sie in eine andere Welt entführt, die doch der ihren gleicht. Warum? Was haben sie davon? Nun, zum ersten Mal entkommen sie der Monopolwirtschaft Gottes und vergleichen.

Nicht mehr lange, und die Trompete wird erschallen, und die Flagge wird hochgehen: das Zeichen, daß das Stück beginnt. Und wenn wir dann in eine andere Welt entführt werden, werden wir zum ersten Mal das Sehen sehen. Kein Vorhang wird aufgehen, und kein Saallicht verlöschen, während das Bühnenlicht angeht, um das zu bewirken. Das wird allein durch das Wort geschehen, ohne Hilfe von Kulissen. Deshalb ist die Sprache Shakespeares immer so nah an der Beschwörung. Sie hat magische Kraft.

Doch nun müssen wir unser Geplauder beenden. Gerade hat die Trompete geschmettert, und die Menge ist still geworden. Und wir sehen, wie Shakespeare, der

Magier, eine Wortkulisse erbaut, durch die er uns zeigt, wo wir sind.

Wir hören Stimmen, kurze Rufe von Männern.

»Wer da?«

»Nein, Ihr habt zu antworten. Bleibt stehn und weist Euch aus!«

»Lang lebe der König!«

»Bernardo?«

»Er selbst.«

»Ihr seid pünktlich.«

Und langsam erkennen wir: Es handelt sich um eine Wachablösung, denn es ist kurz vor Mitternacht, zwischen den Tagen, im Niemandsland zwischen Himmel und Erde, oben auf der Plattform oberhalb der Befestigungsanlagen des dänischen Königsschlosses von Helsingör.

Wachablösung? Sind wir wirklich in Dänemark und nicht vielmehr in London? Auch hier wartet man auf eine gefährliche Wachablösung: Das sechzehnte Jahrhundert ist gerade zu Ende gegangen. Wir befinden uns zwischen den Jahrhunderten, und die Queen Elizabeth – Gott segne sie – wird bald sterben. Und sie hat keinen leiblichen Erben! Das ganze Volk ist unruhig. Wird die Ablösung gutgehen?

»Wer da?«

»Nein, Ihr habt zu antworten. Steht und weist Euch aus!«

»Lang lebe der König!«

»James der Erste von Schottland?«

»Er selbst.«

Ja, James von Schottland ist der designierte Nachfolger auf den Thron von England.

Mitten in diese Zeit der Unsicherheit hinein, in diese Zeitenwende, schreibt das größte Medientalent der Zeit ein Drama, dessen Held, Hamlet, sich in der gleichen Situation befindet wie der Thronfolger von England. Auch James ist, wie Hamlet, Protestant. Und wie Hamlet hat auch er katholische Eltern: Maria Stuart und Darnley Stuart. Und wie Hamlets Mutter heiratet auch James' Mutter den Mörder ihres Mannes und ihren Geliebten. Das soll nicht aufgefallen sein? Ähnlichkeiten mit lebenden Personen sind nicht zufällig und vom Autor beabsichtigt. Und um das ganz klar zu machen, führt er uns in seinem Stück ein Stück vor, das zwecks Angleichung an die Wirklichkeit umgeschrieben wird. Deutlicher kann man ja wohl nicht werden!

Schließlich warteten die Feinde der Reformation nur auf eine Gelegenheit zu intervenieren. Wie viele Pläne haben sie schon geschmiedet, um Elizabeth zu ermorden! Und gäbe es nicht Walsinghams vorzüglichen Geheimdienst – auch der Shakespeare-Kollege Christopher Marlowe hat sich da betätigt –, wäre Elizabeth längst einem Terroranschlag zum Opfer gefallen. Die Katholiken sind Jünger des Terrorismus, und das sogar im Auftrage seiner Heiligkeit, des Ajatollah von Rom. Religion und Terrorismus scheinen sich irgendwie anzuziehen.

Und hat deshalb nicht vor kurzem der Earl of Essex im Interesse von James einen Aufstand unternommen, um an Stelle der alternden schwachen Queen ihm die Nachfolge zu sichern? Er war das Haupt der Hofclique, zu der auch Shakespeare gehörte. Und hatte man nicht am Tage vor dem Aufstand als Stimmungsaufreißer seinen »Richard II.« gespielt, weil da ein König abgesetzt wurde? Trotzdem war der Aufstand fehlgeschlagen, und Essex wurde geköpft. Sein Haupt stak noch auf einer Stange auf der Themsebrücke, die hinüber zum Südufer mit dem Theater führte. Und Hamlet, so sagte man, sei ein Porträt des Grafen Essex.

Doch nun müssen wir zurück nach [Helsingör]. Auf der Bühne sind zwei neue Gestalten erschienen: Horatio und Marcellus. Sie haben sich um Mitternacht mit den Wachen hier verabredet, denn das war die Zeit, als Marcellus und Bernardo einen Geist gesehen haben, der dem toten König Hamlet, des Prinzen Vater, glich. Und gerade wollen sie noch mal erzählen, wie sich das alles zugetragen hat, da erscheint er selbst, der Geist.

Horatio ist starr vor Staunen. Die anderen beschwören ihn, den Geist anzureden, denn ein Geist kann nur sprechen, wenn er angeredet wurde. Doch mußte man dabei eine strikte Etikette einhalten und bestimmte Formeln benutzen. Das kann nur ein Gelehrter wie Horatio, der schließlich in Wittenberg studiert, an der Universität Martin Luthers. Aber irgend etwas macht er falsch, er sagt: »Wer bist du, der du dir die Gestalt des Königs aneignest?« »Usurpierst«, sagt er, genaugenommen. Damit gibt er zu verstehen, daß er ihn für einen Betrüger hält, der Menschen irreführt, indem er ihnen falsche Identitäten vorgaukelt. Als der Geist verschwindet, glaubt Marcellus deshalb, er sei beleidigt. Doch unmittelbar darauf kommt er zurück, und nun versuchen die Freunde etwas, das man »Crossing« nennt. Man schneidet ihm sozusagen den Weg ab. Und das wird häufig bei Geisterbeschwörungen versucht und galt als nicht ungefährlich. Dabei konjugiert Horatio bei seinen Anreden die verschiedenen zeitgenössischen Auffassungen über die Natur von Geistern durch: »Illusion« nennt er ihn zuerst und beschreibt damit seine eigene skeptische Haltung. Dann redet er ihn als Geist eines Toten an, der noch etwas Unerledigtes zu besorgen habe und dem man helfen müsse. (Das ist die katholische Auffassung von dem Freigänger aus dem Fegefeuer). In der dritten Anrede fragt er ihn, ob er etwas Wichtiges über die Zukunft wisse, und in der vierten fragt er, ob er einen Schatz vergraben habe, nach dem er jetzt suche. Und jedesmal läßt er den Anreden die Aufforderung folgen: »Speak to me!«

Dann kräht plötzlich der Hahn, und im selben Moment verschwindet der Geist. Das legt wiederum den Gedanken nahe, daß es sich vielleicht um einen Elementargeist handelt, denn die mußten beim ersten Hahnenschrei, wenn sie außerhalb des für sie vorgesehenen Elements herumvagabundierten, schleunigst in ihr Element zurückschlüpfen. So gab es also Feuer-, Wasser- und Luftgeister, und dieser hier war sicherlich ein Erdgeist. Denn Hamlets Vaters Geist kommt aus dem Grabe, und auch der Blick des Melancholikers Hamlet ist stets zur Erde gesenkt.

Im Korrespondenzsystem der Körpersäfte und der Temperamente entspricht die schwarze Galle (griechisch melancholon) dem Element der Erde. (Die anderen sind der Choleriker mit der gelben Galle als Feuerteufel, der Phlegmatiker mit seinem Schleim als Wasserkobold und der glutvolle Sanguiniker als Luftikus).

Aber sicher ist hier nichts. Das Stück beginnt mit einem Rätsel. Und das vor dem Hintergrund hektischer Rüstungsvorbereitungen. Man spricht von Krieg mit Fortinbras von Norwegen. Er soll das Land zurückerobern wollen, das sein Vater an den alten König Hamlet verloren hatte. Ist das der Grund, daß der Geist in so ungewohnter Aufmachung erscheint, in der Rüstung?

Einige Zuschauer flüstern. Angeblich soll der Autor selbst in dieser Rüstung stecken: William Shakespeare, der Geist, der uns so viele Rätsel aufgibt. So hat er auch die Nachwelt genarrt, die wie Goethe das Rätsel in Hamlets Charakter verlegte, wohin ihm die Freunde des Tiefsinns, Mitglieder einer weltweiten Gesellschaft, gern gefolgt sind.

Doch setzt man eine historische Brille auf, stellt man die ursprüngliche Gestalt dieses Rätsels wieder her. Hamlets Problem besteht nicht in der Art des Auftrags, sondern in der Natur des Auftraggebers. Man muß nicht die Bücher, die Shakespeare selbst für die Darstellung des Geistes benutzt hat, lesen, an erster Stelle »On Spirits Walking by Night« von dem Schweizer Ludwig Lavater, 1572 ins Englische übersetzt, oder Reginald Scotts »A Discovery of Witchcraft«, Leib- und Magenbuch Horatios; es genügt, sich vor Augen zu halten: Die Protestanten schaffen das Fegefeuer ab. Das kommt einer Kulturrevolution gleich. Im Fegefeuer leben nämlich die Toten in einer Parallelwelt zeitgleich mit den Lebenden weiter. Für die Lebenden sind sie noch kommunikativ erreichbar. Man kann ihr Schicksal beeinflussen. Eine Seelenmesse für den geliebten Vater, und es geht ihm besser. Man kann, wie heute zu einem inhaftierten Familienmitglied, Kontakt halten. Die Zeit war noch nicht in eine unwiderruflich festgelegte Vergangenheit und eine offene Zukunft geteilt. Vielmehr war die Welt in Jenseits und Diesseits geteilt. Das Diesseits wiederum war noch nicht durch eine lückenlose Verkettung von Ursache und Wirkung festgelegt. So kam das Unerwartete nicht aus der Zukunft, sondern aus dem Parallelpräsens des Jenseits. Ständig mußte man mit den Eingriffen Gottes rechnen, mit seinen Wundern und Wutanfällen. Ständig intervenierten Dämonen oder Geister. Die Kommunikationsgemeinschaft war nicht auf die Menschen beschränkt. Zur Gesellschaft gehörten auch die Toten, die Engel, Dämonen, Heiligen und Geister. Die Welt war bevölkert mit zahlreichen Wesen, die als Grenzgänger zwischen Diesseits und Jenseits unterwegs waren.

Die Vielstimmigkeit wurde durch Humanismus und Protestantismus radikal verändert. Die Kommunikation wurde auf das Gespräch zwischen Menschen und Gott beschränkt. Und dabei wurde es an einem neuen Medium ausgerichtet: an der Schrift. Nach der Erfindung des Buchdrucks wird Gottes Wort für alle zugänglich. Wer lesen kann, hört Gott. Was braucht er dazu die Priester oder gar die zahlreichen Bittsteller, Türsteher, Lobbyisten und Mittelsleute, die für ein Gespräch mit Gott grauenhafte Gebühren verlangten? Und auch das Purgatorium war nichts als ein Knast, der von den Klerikern angelegt wurde, um mittels einer gestaffelten Strafnachlaßordnung ungeheure Mengen von Gebühren zu kassieren: 100 Pfund und eine Seelenmesse für 100 Jahre Strafnachlaß, ein ganzes Bauerngut für einen Generalablaß. Und so hatte sich die

Reformation auch an dieser Frage der Ablässe entzündet. Die Abschaffung des Purgatoriums war ihr Sturm auf die Bastille.

Und was geschah mit den Insassen dabei, den Toten? Sie wurden nun wirklich dem Strom der Zeit überantwortet und den Wassern des Vergessens übergeben. Ihnen wurde der Aufenthalt in der Welt verweigert. Sie wurden von der Gegenwart der Lebenden getrennt und der Vergangenheit übergeben. Sie waren nun wirklich tot.

Das aber ließen sie sich nicht gefallen. Nicht ohne Gegenwehr. Sie kamen wieder als Geister. Eine kulturelle Ordnung, die plötzlich abgebrochen wird, wie damals der ganze Symbolraum des Katholizismus – wird immer gespenstisch. Das macht das Szenario des »Hamlet« in den kommenden Jahrhunderten so resonanzfähig. Denn mit zunehmender Zeitbeschleunigung wird die Vergangenheit abgestoßen und macht die Wiederkehr des Verdrängten zum Bestandteil der Kultur – spätestens seit der Romantik.

Für die Shakespeare-Zeit hat das zur Folge, daß die Auffassung von der Natur der Geister sich teilt: Für die Katholiken kamen sie aus dem Fegefeuer, um noch etwas, das sie quälte, zu erledigen. Die Lebenden hatten ihnen dabei zu helfen. Für Protestanten aber waren sie Engel oder Teufel, die die Sterblichen durch Täuschungen und Illusionen zu verwirren suchten und sie dadurch ins Verderben lockten. Die Menschen schwankten zwischen beiden Auffassungen genauso wie zwischen Katholizismus und Protestantismus. Manche konvertierten hin und her. Und viele öffentliche Protestanten in England praktizierten heimlich den

Katholizismus. Dazu gehörte auch Shakespeares Vater. Noch ist es nicht lange her, da hat man in einem Dachversteck sein katholisch abgefaßtes zweites Testament gefunden. Solche Katholiken, die unter dem Druck der antikatholischen Gesetzgebung Elizabeths nach außen protestantisch auftreten mußten, schrieben heimlich ein neues Testament nach katholischen Vorschriften und versteckten es. Gott konnte es ja sehen.

In der zweiten Szene tritt der dänische Hofstaat auf. Wir sehen König Claudius in vollem Ornat seines königlichen Amtes. An seiner Seite seine ihm frisch angetraute Ehefrau, Hamlets Mutter Gertrude und Witwe seines Vaters, dazu an der Spitze der Höflinge den ersten Ratgeber des Reiches und Vertrauten des Königs, den breitspurigen Polonius mit seinen Kindern Laertes und Ophelia. Dazu Gefolge, Wachen, Magnaten und Botschafter. Und dann sehen wir den Prinzen Hamlet, den Helden dieser Geschichte, abseits, in Schwarz gekleidet.

Es handelt sich um die erste Sitzung des King's Council, des königlichen Rates, nach der Hochzeit und der Krönung. Und auf den ersten Blick sieht man, daß hier etwas nicht stimmt. Alle sind festlich gekleidet, nur der Thronfolger selbst trägt Schwarz. Er verweigert sich der verordneten Stimmung und trägt Trauer. Fühlt er sich in der Thronfolge übergangen?

Drei Elemente waren für eine unumstrittene Nachfolge nötig: der nächste Verwandte mit einem Recht auf den Thron mußte es sein, er mußte darüber hinaus the dying voice, also die Designation durch den Nachfolger, vorweisen und über die Unterstützung des

King's Council verfügen, des Kronrats, in dem die Großen des Reiches versammelt waren. In der Praxis hieß das, daß der Kronrat dafür zu sorgen hatte, daß der Erbberechtigte auch die Zustimmung des Vorgängers erhielt und tatsächlich den Thron bestieg. Das ist hier eindeutig nicht der Fall. Statt des Sohnes hat der Rat den Bruder des Königs eingesetzt, und Hamlets Mutter hatte durch ihre schnelle Heirat nach dem Tod ihres Mannes diese Usurpation unterstützt. Für all das ist seine Majestät besonders dankbar. Deshalb wendet er sich nun in besonders huldvoller Weise Polonius und dessen Sohn Laertes zu. Und dieser kommt um die Erlaubnis ein, nach Paris zurückkehren zu dürfen. Was ihm natürlich erlaubt wird. Daß bei all dem Polonius noch die Tagesordnung umwerfen darf und erst die Botschafter aus Norwegen hereinbittet, zeigt, daß er der eigentliche Manager der Regierung ist.

Erst nachdem all das abgewickelt ist, wendet sich der König dem schwarzgekleideten Prinzen zu: »But now my cousin Hamlet and my son«. Er nennt ihn Sohn, weil er ja nun sein Stiefvater geworden ist. Das wiederum nutzt Hamlet für ein Wortspiel mit dem Sprichwort »Je näher verwandt, desto weniger kann man sich leiden.« (»The nearer in kin, the less in kindness«), indem er sagt: »A little more than kin and less than kind.« Die Heirat mit seiner Mutter hat sie, inzestuös, wie sie ist, zu mehr als Verwandten gemacht. Gleichzeitig wird im Englischen, wenn von Königen die Rede ist, der Sohn immer mit dem gleichlautenden »sun« gleich »Sonne« identifiziert. Der Kronprinz ist selbst eine Sonne. Deshalb sagt Claudius: »Warum noch so umwölkt?« Und Hamlet antwortet wieder wortspielerisch: »Not so, my Lord. I'm too much in the sun, ich bin zu sehr in der Sonne.« Mit der sprichwörtlichen Nebenbedeutung dieses Ausdrucks: »Ich bin verjagt und enterbt.«

Da schaltet sich die Königin ein und erinnert ihn an das eherne Gesetz der Tragödie: »Der Gang der Zeit bedeutet den Tod von Vätern.« Es ist normal, daß alles, was lebt, sterben muß. Und wenn es denn nun normal sei, warum es ihm dann so besonders scheine. Damit gibt sie ihm das Stichwort für einen seiner ersten Ausbrüche: »Scheinen, Madam, nein, ich kenne kein Scheinen.« Und dann, mit Bezug auf seine Trauerkleidung: »Dieses schwarze Gewand, der dunkle Mantel, die Seufzer und Tränen reichen nicht aus, ihn zu kennzeichnen.« Denn das sind die Dinge, die man simulieren kann wie ein Schauspieler – na, sind wir hier nicht im Theater und sehen einen Schauspieler? – Er aber habe etwas in sich, was über alles Rollenspiel hinausgehe.

Hier hören wir zum erstenmal jenes wiederkehrende Motiv, um das Hamlets Denken kreist: die Schauspielerei als Mittel der Verstellung und der Täuschung. Die Fähigkeit dazu ist diese neue Eigenschaft, die an den Höfen Europas gezüchtet wird und den Sozialcharakter des Adels ändert.

Zu Hause auf seiner Burg muß sich der Adlige nach niemandem richten und darf sich weitgehend hemmungslos dem Freilauf seiner Impulse überlassen. Ja, das ist sogar wünschenswert, will er seinen ganzen Kampfesmut mobilisieren. Das Ergebnis sind ungehemmte Typen, die kaum imstande sind, mit Messer und Gabel zu essen, ohne sich damit in den Hintern zu stechen. In den Benimmbüchern der Zeit stehen deshalb Ermahnungen, die uns erstaunen lassen. Man solle sich nicht in das Kleid der Tischdame schneuzen, nicht die abgenagten Knochen hinter sich schmeißen und über die Gastgeberin herfallen.

Bei Hof nun ändert sich dieses Szenario entscheidend. Da trifft jeder auf eine Menge Leute von noch höherem Status als er selbst. Darunter auch Frauen. Da muß er sich beherrschen lernen und sich benehmen. Der Hof schafft zum ersten Mal unter einer großen Gruppe von Menschen einen befriedeten Raum, in dem nur einer das Gewaltmonopol hat, der absolute Fürst. Da werden Rivalitäten nicht mehr mit dem Schwerte ausgetragen, sondern mit den Mitteln der Intrige, der Manipulation und der raffinierten Planung. Das erfordert die Tugend der Selbstbeherrschung und die Kunst der Verstellung. Und es fordert die Fähigkeit, sich in die Lage des anderen hineinzudenken und die Welt aus seinem Blickwinkel zu sehen. Die Figur des Höflings ist an dieselben Voraussetzungen gebunden wie die Entstehung des Theaters. Der Hof ist selbst ein Theater, auf dem die Monarchen ihre Macht in Form einer Art political bodybuilding inszenieren, und die Höflinge spielen mit.

Entsprechend ist Claudius für Hamlet nur ein Player King, ein Königdarsteller. Als Claudius ihn zu gewinnen sucht und zu seinem Nachfolger und Kronprinzen erklärt und ihn bittet, nicht mehr zum Studium nach Wittenberg zu gehen, ignoriert er ihn. Erst als seine Mutter sich dieser Bitte anschließt, sagt er pointiert an Claudius vorbei: »Ich werde Euch in allem gehorchen.«

Aber da zeigt Claudius, daß er sich beherrschen kann. Er tut so, als ob Hamlet ihm geantwortet habe, gibt die Antwort als zustimmende Reaktion auf seine Bitte aus und schließt schnell die Sitzung, um diese Auslegung des Sachstands sozusagen für das Protokoll zu sichern und es so unmöglich zu machen, hinter diesen Stand zurückzufallen. Wer es dennoch tut, hat es dann zu begründen. Kein Zweifel, Claudius beherrscht sein Handwerk so gut wie jeder moderne Gremienvirtuose. Er hat Hamlet in der Geschäftsordnung gefangen und ruhiggestellt. Das wird er nun in einem Bankett mit Toasts und Trinksprüchen feiern. Und damit hebt der König die Ratssitzung auf, und der Hofstaat läßt Hamlet allein mit dem Publikum zurück.

Und der Prinz öffnet uns zum erstenmal sein Herz. Er spricht zu uns in einer Form, die wir seitdem fast mit ihm identifizieren, dem großen Monolog. Es ist ein Monolog über Lebensekel.

»Oh, daß dies beschmutzte Fleisch doch schmelzen möge und sich auflösen wie der Schnee an der Sonne! Daß Gott doch nicht sein Gebot gegen den Selbstmord gerichtet hätte!« In ihm ist die ganze Welt schal geworden. Sie erscheint ihm als ein ungejäteter Garten, in dem alles ins Kraut geschossen ist. Warum? Die Antwort kommt in atemloser Rhetorik stoßweise. Seine Mutter – zwei Monate ist sein Vater tot – nein, nicht mal zwei Monate – ein so nobler König, dem neuen so ähnlich wie der Sonnengott einem Satyr – und seiner Mutter zugetan, daß er nicht einmal dem Wind erlaubte, ihr Gesicht rauh zu berühren. Und sie, sie hing an ihm, und ihr Appetit wuchs beim Essen. Und dann der Ausruf: »Schwachheit, dein Name ist

Weib!«* (»Frailty, thy name is woman!«) Nur ein kurzer Monat, bevor die Schuhe abgetragen waren, mit denen sie dem Leichnam seines Vaters folgte, aufgelöst in Tränen wie Niobe (Niobe war eine sogenannte Pathosformel, also eine Art emotionales Zitat), so war auch Gertrude. Aber dieselbe Frau heiratet binnen eines Monats (die Zeit wird immer kürzer) seinen Onkel, den Bruder seines Vaters, der ihm so wenig gleicht wie Hamlet dem Herkules. Und immer weiter verengt Hamlet den Zeitraum zwischen Hochzeit und Tod. Noch bevor die Tränen trocken waren, die sie beim Begräbnis geweint hat, saust Gertrude in unziemlicher Hast zwischen die inzestuösen Bettlaken.

Inzestuös? Die Heirat mit der Witwe des Bruders inzestuös? Nun, in der Bibel findet sich eine Stelle, die die Heirat mit der Witwe des Bruders verbietet und daran die Sanktion knüpft: »Dann sollen sie ohne Kinder sein.« Dies war wiederum die Lage gewesen, in der sich Heinrich VIII., Elizabeths Vater, befunden hatte. Er hatte die Witwe seines Bruders Arthur übernommen und geheiratet, Katharina von Aragon. Als sie außerstande war, ihm einen männlichen Erben zu schenken, sah er das als Strafe für diesen »Inzest« an und benannte das als Grund für sein Scheidungsbegehren beim Papst. Und erst als dieses Gesuch abgelehnt wurde, weil der Papst sich in der Abhängigkeit von Katharinas Neffen, Kaiser Karls V., befand, löste Heinrich VIII. seine Ehe auf und die englische Kirche von Rom. Und dann begann er seine Karriere als serieller Monogamist und als Serienkiller seiner Frauen. Die Formel,

* Zitiert nach Schlegel/Tieck.

mit der sich englische Schulkinder das Schicksal seiner sechs Frauen merken, lautet: »Divorced, beheaded, died, divorced, beheaded, survived.« (»Geschieden, geköpft, gestorben, geschieden, geköpft, überlebt.«)

Hamlets Monolog zeigt: Stärker als seine eigene Zurücksetzung in der Thronfolge ist der Schock über das Verhalten seiner Mutter. Das infiziert sein Denken und macht ihn gegen alle Frauen mißtrauisch: Es begründet einen tiefen Sexualekel und steigert ihn zum Lebensekel. Als Abscheu vor dem, was uns unbewußt anzieht, ist Ekel selbst dramatisch, und immer wenn Hamlet später auf dieses Thema kommt, massieren sich die Bilder des Ekels und die Selbstmordgedanken. Das kennzeichnet ihn als einen Typus, der in der Elisabethanischen Zeit sehr viel Aufmerksamkeit erregte, den Melancholiker.

Er wurde mit der Frustration in Zusammenhang gebracht, die die entmachteten und bei Hof zur Untätigkeit gezwungenen Adligen rebellisch machte. Man nannte sie »malcontents«. Um nun jeden Verdacht in dieser Hinsicht zu zerstreuen, muß Hamlet sich maskieren und auch seine Trauer verbergen. So sehen wir zum ersten Mal in der Literatur etwas, das in der Moderne epidemisch geworden ist: das Bewußtsein vom Unterschied zwischen dem sozialen Rollenspiel für andere und der Einsamkeit des eigenen Ich. So werden wir Hamlet sowohl als einen virtuosen Komödianten als auch in seinen Monologen als pathetischen Grübler kennenlernen und uns dabei fragen, wer hier am verrücktesten ist: Hamlet, der seine Kontrahenten in der Hofgesellschaft hinters Licht führt, oder wir, die wir in einen Spiegel schauen und uns nicht erkennen.

Die nächsten Auftritte treiben nun die Handlung weiter. Hamlet trifft sich mit Horatio, seinem Studienfreund aus Wittenberg, der ihm vom Auftritt des Geistes erzählt. Und sie verabreden sich für die nächste Nacht auf der Plattform auf den Festungswällen. Dann sehen wir, wie Laertes sich von seiner Schwester Ophelia verabschiedet und sie davor warnt, sich mit Hamlet einzulassen. Denn bei ihm richtet sich die Wahl seiner Frau nach der Politik. Und dann werden sie von Vater Polonius unterbrochen, der Laertes zur Eile antreibt, ihn aber gleichzeitig mit weitschweifigen Ermahnungen aufhält. Als dieser sich endlich losgerissen hat, will Polonius von Ophelia wissen, worüber sie zuletzt mit Laertes geredet hat. Und da erfährt er, daß es Hamlet war, und wie dieser ihr den Hof macht. Als er das hört, mutiert er zum typischen Komödienvater: Er wird zum Geizkragen, erklärt die Tochter zu seinem Schatz und schließt sie weg, um ihren Wert zu steigern. Mit anderen Worten: Er verbietet ihr den weiteren Kontakt mit Hamlet.

Und dann hat, wie man damals glaubt, die Sonne sich einmal um die Erde gedreht und ist in der Nacht versunken. Wieder finden wir uns kurz vor Mitternacht oben auf der Plattform auf den Befestigungsanlagen. Und während man die Kanonenschüsse hört, mit denen der König vom fernen Gelage her verkünden läßt, daß er seinen Humpen Wein in einem Zug geleert hat, warten Horatio und Hamlet in Begleitung von Marcellus auf das Erscheinen des Geistes. Und als es zwölf schlägt, erscheint er tatsächlich. Hamlet reagiert sofort. »Angels and ministers of grace, defend us.« Das zeigt tiefes Erschrecken. Dann: »Was du auch seiest«, sagt er, mehr zu sich selbst als zu dem Geist, »ein Engel oder Teufel, ein Abgesandter des Himmels oder der Hölle, der Gutes oder Böses bringt, du kommst in solch fragwürdiger Gestalt, daß ich dich anreden muß.« Wir wissen ja, Geister sprechen nur, wenn sie vorher angesprochen wurden. Und nun laut: »I call thee Hamlet, King, Father, Royal Dane. Antworte mir! Laß mich nicht in Ungewißheit zerplatzen! Warum deine gesegneten Gebeine, im Tode ins Grab gelegt, ihre Leichentücher gesprengt haben, und warum dein Grab seine schweren Marmorkiefer geöffnet hat, um dich zu uns hinaufzuwerfen« (oder auszukotzen, wenn man das Bild von den Marmorkiefern weiterführt). »Warum du die Nacht damit schrecklich machst und uns Sterblichen (Fools of nature) so sehr das Gemüt erschütterst, daß sie Gedanken denken müssen, die jenseits der Reichweite unserer Seelen liegen. Sag', warum ist das so? Zu welchem Zweck? Was sollen wir tun?«

Wir haben es hier mit einem veritablen Paradox zu tun. Hamlet fragt einen Geist, den er für potentiell böse und lügnerisch hält (protestantische Auffassung), was man von ihm zu halten habe. Und er endet mit der (katholischen) Frage, was man tun solle, um ihm als Geist eines Toten aus dem Fegefeuer zu helfen. Das ist, als ob man erkläre, alle Kreter seien Lügner und dann einen Kreter frage, ob das stimme. Wie auch immer der Geist von Hamlets Vater ihm antworten wird, wenn Hamlet später zur Besinnung kommt und ihm das Paradox bewußt wird, wird er die Antwort des Geistes wieder anzweifeln müssen.

Und nun winkt ihm der Geist und geht in Richtung des hohen Felsens, der viele Klafter tief ins Meer abstürzt. Wieder winkt er Hamlet, mitzukommen. Horatio warnt ihn. Allein der Blick in diesen Abgrund macht schwindlig, und vielleicht nimmt der Geist da oben eine andere, schrecklichere Form an, um Hamlet um den Verstand zu bringen. Der Prinz zögert. Der Geist winkt noch einmal. Hamlet will ihm folgen. Da halten ihn die Freunde fest. Er sagt: »Laßt mich los! Mein Schicksal ruft!« Sie lassen ihn nicht los. Er bittet: »Laßt mich gehen, gentlemen!« Sie halten ihn fest. Da zieht er den Degen und bedroht die Freunde: »Beim Himmel, ich mach' den zum Geist, der mich festhält!«* Und dann stürzt er dem Geist hinterher. Als die beiden Freunde ihm vorsichtig folgen, murmelt Marcellus: »Es ist etwas faul im Staate Dänemark.«

Inzwischen vollzieht sich im Niemandsland zwischen Himmel und Erde, auf einem Felsen ähnlich dem, auf dem einst Satan Christus versuchte, die Konfrontation zwischen Hamlet und dem Geist. Es ist Hamlet, der sie eröffnet. »Wohin führst du mich? Sprich! Weiter komm' ich nicht mit.« Er mißtraut ihm. Und der Geist spricht zum erstenmal. »Hör zu!« »Das will ich«, sagt Hamlet. »Meine Stunde ist fast gekommen, in der ich mich wieder in die schwefligen und quälenden Flammen zurückbegeben muß.« Damit ist klar, der Geist kommt aus dem Fegefeuer und damit aus einem katholischen Universum. Hamlet bedauert. Doch der will kein Mitleid, sondern Aufmerksamkeit. »Sprich!« sagt Hamlet, »ich bin gezwungen, dich zu hören.« Darauf sagt der Geist etwas, das man erst nach und nach versteht. »Und wenn du mich hörst, bist du

* Zitiert nach Schlegel/Tieck.

auch zur Rache gezwungen«. Damit meint er, wenn man den Bedeutungskern herausschält: Hören ist keine indifferente Sache, nach der man noch so frei ist wie vorher. In diesem Falle heißt hören auch zugleich, sich einem Auftrag zu verschreiben. Wissen ist ein Wagnis, wie beim Sündenfall, weil man sich durch Wissen verändert. Wenn Hamlet den Geist jetzt anhört, heißt das zugleich, daß er zur Rache gezwungen sein wird.

Und nun ist das Stichwort dieses Dramas gefallen, ehe der Geist sich zu erkennen gegeben hat: Rache.

War Rache mit einem christlichen Wertesystem vereinbar? Stand nicht in der Bibel: »›Mein ist die Rache‹, spricht der Herr«? Oder gab es in der Renaissance einen Sondercode, der Rache forderte, wie man behauptet hat? Verstößt Hamlet gegen Gebote, oder folgt er einer Norm, wenn er den Auftrag ausführt? Erklärt diese Ambivalenz sein Zögern? Wie immer dem auch sei, soviel steht fest: Ganz plötzlich verbreitet sich im Repertoire des elisabethanischen Theaters das Genre der Rachetragödie, zu der auch der »Hamlet« gehört.

Und zur gleichen Zeit verbreitet sich, aus Italien kommend, die Mode des Duells. Vorher hatte es nur den öffentlichen Zweikampf gegeben, eine umständliche Affäre mit öffentlicher Herausforderung, deren Publikation, der Bereitstellung von vorgeschriebenen Waffen, der Versammlung des Publikums. Am Ende des »Hamlet« werden wir so einen Zweikampf in der Verkleidung eines sportlichen Wettkampfs sehen. In katholischen Ländern wurde diese Art des Zweikampfs im Konzil von Trient, dem katholischen Reformparteitag in der Jahrhundertmitte nach der Reformation, verboten. Statt dessen verbreitete sich dort das private Duell.

Das war ein Konflikt zwischen zwei Männern gleichen Standes, der aus beliebigem Anlaß ausbrechen und schnell und unmittelbar meist an einem geheimen Ort ausgetragen werden konnte. Dabei ging es um die Wiederherstellung der Ehre des Herausforderers, die durch das beleidigende Verhalten seines Gegners beschädigt worden war. Dabei zeigt die schnelle Verbreitung des Duells: Man wird ehrempfindlicher. Wieso? Welcher soziale Trend steckt dahinter? Nun, die Gesellschaft wird mobiler. Bis dahin war Ehre Bestandteil des sozialen Status. Aber jetzt genügt die ständische Qualität nicht mehr. Zusätzlich zur adligen Herkunft braucht man ein Kriterium, das einen Mann unter Gentlemen gesellschaftsfähig macht. Es ist die virtú, eine männlich geprägte Festigkeit und Todesverachtung. Das was man in Deutschland später »Haltung« nannte. Die Ausrichtung an diesem Codex der Ehre entscheidet über die Erteilung von Achtung oder Mißachtung von seiten der Standesgenossen, und daran knüpft man in der Regel seine eigene Selbstachtung.

Im Übergang von der Adelsgesellschaft Alteuropas zur modernen Gesellschaft wurde für über 300 Jahre das Duell eine soziale Plage, bis es, angefangen in England, zunehmend außer Gebrauch kam. Es war der Ausdruck eines ungemilderten Machismo und Teil einer adlig geprägten männlichen Verhaltenskultur, zu der wir, gemeint sind die westlichen Gesellschaften außer den lateinischen Mittelmeerländern, inzwischen den Kontakt verloren haben. In dieser Gesellschaft gab es noch den Mann in seiner Prächtigkeit. Orientiert an diesem Code, demonstriert er seine Noblesse, seine Generosität und seine Souveränität, selbst gegenüber dem Tod, durch seine ungezwungene Selbstbeherrschung und seine Stilsicherheit. Diese Grandezza schließt gewinnende Manieren und ritterliches Verhalten gegenüber Frauen mit ein. Dem Charme und der kulturellen Attraktivität dieses kulturellen Verhaltensstils haben sich auch die Bürgerlichen lange Zeit nicht entziehen können. So wurde die Rolle des männlichen Liebhabers auch im bürgerlichen Roman häufig mit einem Aristokraten besetzt. Und auch bei der Ausgestaltung des romantischen Künstlers unter dem Zeichen des Geniebegriffs griff man auf diese Figur zurück.

Zur Shakespeare-Zeit war Italien das Land, in dessen mobiler, kommerziell und städtisch geprägter Gesellschaft der Lebensstil und die demonstrative Prachtentfaltung der Statussicherung zu Hilfe kommen muß. Dem verdanken wir einen Großteil der wunderbaren Kunst der Renaissance. Und so orientierte man sich auch in England, vor allem auf seiten der Dramatiker, an italienischen Vorbildern. Das galt vor allem für italienische Verbrechen. Dabei spielte auch Machiavelli eine Rolle, der, von weitem betrachtet, wie ein Theoretiker der Kriminalität wirkt. Hinzu kam, daß das attraktive Italien zugleich die Heimat des ideologischen Gegners, des Papstes, war. Und das Trauma der Protestanten, das große Massaker von Paris während der sogenannten »Bluthochzeit« Heinrichs von Navarra mit Margarete von Valois am 24. August 1572. Dabei wurden in Paris über 2000 protestantische Edelleute und in den Provinzen an die 30 000 Hugenotten niedergemetzelt. Der

Mastermind hinter diesem Mordplan gehörte, wie man wußte, Katharina von Medici, die ebenso aus Florenz kam wie Machiavelli. Angesichts dieser »Endlösung« der protestantischen Frage in Frankreich empfand der Papst lebhafte Genugtuung, denn schließlich konvertierte der protestantische Heinrich von Navarra, und Frankreich blieb ein katholisches Land. Italien aber hat bis heute, wie auch andere katholische Mittelmeerländer, die Züge einer Ehr- und Schamgesellschaft behalten, im Unterschied zu den protestantischen Schuldgesellschaften. Und bis heute kann man dort die Demonstration männlicher Prächtigkeit beobachten, die so schöne Formen hervorbringt wie den Latin Lover.

So eignete also den italienischen Verbrechen eine Qualität, die alle Medienleute, auch Shakespeare, nur begrüßen konnten. Sie waren sensationell, was sie für saftige Kriminalstories geeignet machte. Sie hatten oft einen Zug ins Persönlich-Ungehemmte und Phantastische und Raffinierte. Das gilt auch für das Verbrechen, das wir jetzt hören werden. Sein Vorbild stammt nicht aus der dänischen Quelle Shakespeares, der Chronik des Saxo Grammaticus, sondern aus dem zeitgenössischen Urbino, wo auch der Knigge der Renaissance spielt, Baldassare Castigliones »Cortegiano«. Bei dem Verbrechen handelt es sich um die Ermordung des Herzogs von Urbino, Francisco de la Rovere. Und damit sind wir wieder auf dem Burgfelsen von Helsingör, bei der Konfrontation von Hamlet und dem Geist.

Erst als Hamlet sofort zur Rache bereit ist, gibt der Geist sich zu erkennen. »Hamlet, I am thy father's spirit.« Und wir hören, er kommt aus dem Fegefeuer.

Kann Shakespeare uns ein katholisches Universum präsentieren, weil es seine Geltung verloren hat? Der Geist sagt, aus dem Fegefeuer zu berichten sei ihm verboten. Ist das vielleicht ein versteckter Hinweis auf die antikatholische Gesetzgebung der Regierung? Danach durfte man die Lehren des Katholizismus nicht weiter verbreiten. Und statt der Geheimnisse des Jenseits enthüllt der Geist nun sein eigenes Geheimnis: Daß er im Garten schlief und von einer Schlange gebissen wurde, wie es im offiziellen Bulletin hieß, sei falsch. Die Schlange, die ihn gebissen habe, trage nun seine Krone. »Oh, mein Onkel!« ruft Hamlet aus, »oh, mein prophetisches Gemüt!«

Er hatte so etwas geahnt. Und nun wird er von der Erzählung der Umstände des Mordes ganz gefangengenommen. Als er, der Vater, im Garten schlief, schlich Bruder Claudius sich heran, goß ihm eine Phiole Gift in sein Ohr – (Tut der Geist es in diesem Moment nicht auch, mit dieser Geschichte? Vergiftet er nicht Hamlet durch das Ohr?) –, es war ein Gift aus Bilsenkraut, das man auch »Hühnertod« und »Saubohne« nennt. Das läuft wie Quecksilber so schnell durch alle Kanäle des Körpers und bewirkt, daß sich das Blut sofort verklumpte und sich der ganze Körper mit einem eklen Ausschlag überzog wie mit einer Rinde. Und so wurde er, der gut katholisch war, in der Blüte seiner Sünden umgebracht. Ohne geistliche Vorbereitung, ohne Letzte Ölung, ohne mit Gott ins reine gekommen zu sein, sondern zum Letzten Gericht gesandt mit all seinen Sünden, ungesühnt. Aber diese Sünden büßt er nun im Fegefeuer. Und er bittet seinen Sohn, es nicht zu dulden, daß das königliche Bett von Dänemark eine

Liegestatt der Lust und des Inzests werde. Dabei soll er aber keine eigenen Sünden auf sein Haupt laden und auch seine Mutter schonen. Sie solle er dem Himmel überlassen und den Stichen ihres Gewissens.

Das entspricht dem Machismo des Ehrbegriffs: Frauen haben keine eigene Ehre. Ihre Ehre ist Bestandteil der Ehre des Mannes: des Vaters, wenn sie unverheiratet ist, und des Mannes, wenn sie verheiratet ist. Der Geist vererbt dem Sohn seine beschädigte Ehre.

Denn, so müssen wir aus der Beschreibung des Bruders schließen, wenn die Königin auch von dem Mordplan nichts wußte, ein ehebrecherisches Verhältnis unterhielt sie schon vorher mit ihm. »Ein inzestuöses ehebrecherisches« Tier nennt der Geist den Claudius, das mit der Zauberkraft seiner Schlauheit den Willen der scheinbar tugendhaften Königin seiner schandbaren Lust unterworfen hat. Was im platonischen Liebesideal noch zusammengehörte, nämlich spirituelle Ekstase, Liebe und Lust, wird hier in Gegensatz zueinander gebracht: die spirituelle, durch die Ehe geadelte Liebe und die pure tierische Lust. Hier ist sie also wieder, die Quelle von Hamlets Sexualekel. Er infiziert die gesamte Rhetorik Hamlets.

Mit der Aufforderung: »Remember me!« verschwindet der Geist. Hamlet fällt auf die Knie. Er ist so erschüttert, daß seine Glieder ihn nicht mehr aufrecht erhalten. Er bittet sein Herz, nicht zu zerspringen. Dann wiederholt er den Auftrag: »Mich an dich erinnern? Ja, du armer Geist! Solange ein Gedächtnis thront im zerrütteten Rund dieses Schädels (»globe«), ja, von der Tafel der Erinnerung will ich alle trivialen persönlichen Reminiszenzen wegwischen, alle Sprüche aus Büchern und alle Formen und Eindrücke, die die Jugend und die Beobachtung dort hineinkopiert haben, und nur dein Befehl allein soll leben im Buche meines Hirns, unvermischt mit niedrigeren Dingen.« Dann holt er sein Notizbuch heraus, in das junge Männer damals ihre Eindrücke und Gedanken notierten, und schreibt: »Lächeln und ein Schurke sein, das muß sich nicht widersprechen. So, Onkel, damit sind deine Züge festgehalten. Und jetzt zu meiner Losung: Es ist ›Adieu, adieu, erinnere mich an dich!‹«

In dieser Reaktion vollzieht Hamlet seine innere Wandlung durch eine rituelle Dramatisierung. Er unterwirft sich ganz den Forderungen der Vergangenheit, macht sich zum Delegierten seines Vaters. Dazu wischt er die Spuren seiner eigenen Erinnerung weg und löscht damit seine Identität. Dabei wird die Erinnerung als »Schrift« gefaßt und das Gedächtnis als »Buch«, das zeigt: Dieses Bild des Gedächtnisses entstammt einer Medienrevolution, der Erfindung des Buchdrucks und seiner rapiden Verbreitung nach der Reformation. Die protestantische Bibellektüre ließ die Alphabetisierung schlagartig in die Höhe schnellen. Das machte die Gedächtniskunst einer buchlosen Rhetorik funktionslos. Und sie wurde, wie alles herrenlose Kulturgut, vom Theater eingefangen und verbraten. Das zeigt sich an Hamlets Formulierung: »While memory holds a seat in this distracted globe« (»Während das Gedächtnis thront in diesem zerrütteten Globus«).

Shakespeares Zeit kannte noch nicht, wie wir heute, die Vorstellung eines inneren mentalen Raumes als Wohnstätte und Kampfplatz unserer seelischen Kräfte, Gefühle, Erkenntnisse und auch der Erinnerungen. Was wir heute diesem psychischen Raum zuschreiben, war bei Shakespeare körperlich. Die Gefühle und Affekte, sie waren Produkte der Körpersäfte. Die Seele dagegen war eine unbewegte Substanz aus Glas, die wie der Spiegel unverändert blieb, während sie alle veränderlichen Dinge zeigen konnte. Sie war rein rational und deshalb unzerstörbar und ewig.

Das Gedächtnis dagegen wurde aufgrund der alten Gedächtniskunst häufig als Gebäude vorgestellt. Dann konnte man die Dinge, die man sich merken wollte, durch Bilder ersetzen und diese entlang einer Säulenreihe durch Erinnerungsorte, sogenannte »topoi«, markieren. Das Gedächtnis war räumlich. Es war ein Schatzhaus. Daraus entstand, nach der Abwertung der Gedächtniskunst in der Renaissance, die Idee, solch ein Schatzhaus wirklich zu bauen.

Das berühmteste wurde von Camillo Delminio in Venedig errichtet. (Wir kennen es aus Beschreibungen.) Es war ein hölzerner Bau, geplant als universales Erinnerungssystem auf der Basis der neuplatonischen Interpretation der Astraleinflüsse, also der Tierkreiszeichen. Es sah aus wie ein Amphitheater, dessen steil ansteigende Stufen nach dem Prinzip der Kreuztabellierung in Ränge und Reihen eingeteilt waren und die ihrerseits wieder Schubladen enthielten. Dabei dominierte die Zahl sieben. Die sieben Stufen des Seins korrespondierten mit den sieben Tagen der Schöpfung, in denen die Welt geschaffen worden war, während das Dach auf den sieben Säulen der Weisheit ruhte. Geplant als eine Art Arsenal der Welt und Inventar des Kosmos, war es eine Kreuzung aus Theater, Zettelkasten und Bibliothek. Es enthielt das Gedächtnis der Welt.

Diese Idee wurde aufgenommen von einem Zeitgenossen Shakespeares, Robert Flood, der ein Anhänger der okkulten Philosophie war. Bei ihm findet sich der Plan zu einem Gedächtnistheater, das aussah wie das Globe-Theater.

Erst auf diesem Umweg erfassen wir die volle Bedeutung von Hamlets Formulierung »Whilst memory holds the seat in this distracted globe«. »Globe« ist sowohl der Kopf als auch das Globe-Theater, sowie schließlich auch der Palast selbst. In ihm thront, wie der König, das Gedächtnis. Über diesen Umweg wird nun die Vorstellung eines inneren mentalen Raumes plausibilisiert. Dieser wird zunächst vorgestellt als eine Art von theatrum internum. Die Pointe dabei ist, daß das Subjekt zwischen sich und anderem unterscheiden kann und sich dann auf sich selbst bezieht. Das heißt, es sagt »Ich« zu sich. Aber eben das kann das Theater auch. Wir werden später im »Hamlet« sehen: Wenn ein Stück im Stück aufgeführt wird, wiederholt das Theater den Unterschied zwischen sich und den Zuschauern noch einmal. Und unterscheidet dabei zwischen sich und allem anderen. Das heißt: Es reflektiert. Genau das wird im theatrum internum nachvollzogen. Auf der inneren Tribüne treten viele Figuren auf, aber eine davon ist man selbst.

Man erscheint in sich noch einmal als sein eigener Doppelgänger. Dann erhebt sich aber die Frage: Ist man ein Spieler auf der Bühne oder ein Zuschauer? Von da ab ist der Mensch gespalten. Wenn er in den Spiegel blickt, blickt er dann aus ihm heraus oder in ihn hinein? Und was sieht er? Einen Zuschauer. Und so bündelt dann der »Hamlet« zum erstenmal zwei Themen: die Schauspielerei und die Reflexion. Sie werden in ihm selbst verbunden. Er ist zugleich ein virtuoser Komödiant und ein Grübler. Und sein Kopf (globe) ist eine Kugel, in der das Gedächtnis thront wie der König auf der Erde (globe) und der Player King im Globe-Theater. Wenn wir den »Hamlet« sehen, befinden wir uns im Inneren unseres kulturellen Gedächtnisses.

Nachdem Hamlet sich rituell seiner Quest, also seinem Auftrag, verschrieben hat, kommen die Freunde. Zunächst wirkt er wie hysterisch: Er imitiert einen Falkner, der seinen Falken ruft. Dann redet er Unsinn über die Botschaft des Geistes, und schließlich bemerkt er, daß er Horatio auf diese Weise nicht abspeisen kann. Da beschließt er, die Freunde zum Schweigen zu verpflichten, und läßt sie auf sein Schwert schwören. Die Szene wird nun grotesk. Dreimal wechselt er den Standort, und jedesmal wandert der Geist unter der Bühne mit und ruft aus dem Erdinneren: »Swear!« Dabei nennt Hamlet ihn »einen wackeren Bergmann« und »einen alten Maulwurf«. Für den Geist eines Vaters ist das eine merkwürdige Anrede. Nun, die Beschwörung ist ein Test. Er folgt nämlich mit diesem dreifachen Schwur dem Ritual der Beschwörung eines Erdgeistes. Und wenn der Geist reagiert, hat man ihn auf diese Weise als eine Art Teufel identifiziert, einen »Kohlenschaufler«. Die Formel »Hic et ubique«, die Hamlet gebraucht, gehört zu solch einer Beschwörung. Und der dreifache Eid ist bei einem Pakt mit dem Teufel üblich. Der Bruch wird mit Höllenstrafen geahndet. Dabei betrifft der erste das, was sie gesehen haben, der zweite, was sie gehört haben, und der dritte Hamlets merkwürdiges Verhalten für die Zukunft, nämlich daß er sich hinter der Maske des Irrsinns oder des bizarren Verhaltens verstecken wird.

Man wußte nun, daß sich Erdgeister und Teufel durch das Rumpeln aus dem Inneren der Erde bemerkbar machen würden. Und genau das tut der Geist. Damit gibt er sich als eine Art Dämon zu erkennen. Hamlet ist verwirrt. Das ist das Gegenteil von dem, was er vorher geglaubt hat. Nun ist alles wieder offen. Wer hat nun recht, die Protestanten oder die Katholiken? Nun, »Die Zeit ist aus den Fugen«, sagt er, »oh, verfluchte Widerwärtigkeit, daß ich jemals geboren wurde, um sie wieder einzurenken!«*

Aber auch wenn er an dem Geist zweifelt, bleibt er doch auf ihn fixiert. Er hat einen merkwürdigen Auftrag hinterlassen wie ein altes Testament. Damit bindet er Hamlet an seine eigene Vergangenheit, an seine Herkunft, an seinen väterlichen Ursprung. Das ist antike Tradition. Der Geist verkörpert den Fluch des Hauses Hamlet, und das ist der Brudermord. Damit verhindert er, daß Hamlet seine eigene Zukunft gewinnt. Er unterwirft ihn seiner Herkunft. Und er unterwirft ihn dem Jenseits, also der Sphäre, wo die Geister wohnen. In einer sich durch kausale Vernetzung zusammenschließenden Welt wird der Einbruch des Jenseitigen um so unheimlicher. Sie wird unnatürlich. Und so ist denn auch der Auftrag an Hamlet unnatürlich. Er zwingt ihn aus der Bahn der Altersrollenethik. Danach wäre seine Lebenszeit, also die Jugend, eigentlich für die Liebe vorgesehen. Sie ist der Vorschein einer

* Zitiert nach Schlegel/Tieck.

glücklichen Zukunft. Aber diese Zukunft, Ophelia, wird durch Hamlets Bindung an die Vergangenheit zerstört werden.

Akt II

Die erste Szene von Akt II enthält eine ironische Parallele zur vorherigen. Hamlets Vater erscheint seinem Sohn selbst als Geist. Polonius aber schickt seinem Sohn einen Spitzel hinterher. Dabei bekommen wir elisabethanische Staatskunst vorgeführt, so wie sie etwa Burghley oder Walsingham mit seinem Geheimdienst tatsächlich ausgeübt haben würden. Und Polonius' detaillierte Anweisungen entwerfen das Bild eines verdeckten Ermittlers. So soll sich der Spion Rinaldo in vager Weise über Laertes in Paris verbreiten und ihm sogar einige geringere Laster zur Last legen.

»Wie spielen«, sagt Rinaldo.

»Ja, das auch. Oder trinken, fechten, fluchen, sich in Händel einlassen, und ein bißchen huren auch.«

Das scheint ihm noch angemessen. Und wozu das alles? Um sein Gegenüber zu Kommentaren über Laertes zu provozieren. Und dann rechtfertigt Polonius die Philosophie der Manipulation: »Mit einem Köder von Falschheit fängt man den Wahrheits[karpfen].« Der weise Mann operiert mit indirekten Methoden und mit angeschnittenen Bällen, die um die Kurve laufen. Das ist eine Philosophie des Umwegs. Schließlich entläßt er Laertes mit der Ermahnung, er solle seine Musik üben. Damit tritt Ophelia auf. Ihr Auftritt ist dramatisch, sie ist völlig zerrüttet. Sie kommt gerade von einer Begegnung mit Hamlet. Und aus ihrer Beschreibung von Hamlets erratischem Benehmen können wir schließen, daß er bereits begonnen hat, den Wahnsinnigen zu spielen.

Was sie schildert, hat das Bild von Hamlet stark eingefärbt. Er hat keinen Hut auf, seine Strümpfe, die zur damaligen Zeit bis über die Knie nach oben gingen, sind ganz schmutzig und wie Fesseln über die Knöchel nach unten gesunken. Sein Hemd ist sichtbar. (Was damals so empfunden wird, wie wenn bei uns die Unterwäsche sichtbar wäre). Sein Auftreten entspricht auch überhaupt nicht der edlen Sentimentalität, die von dem konventionellen Liebhaber erwartet wurde. Dieser trug ständig einen Hut, den er tief in die Augen gedrückt hatte, aber Hamlet hat gar keinen auf. Statt dessen herrscht Kleider-Unordnung. Und dann beschreibt Ophelia, wie er sie am Handgelenk gehalten hat, wie er sie auf Armeslänge weggehalten hat, mit der anderen Hand seine Augen abgeschirmt und sie solange angesehen hat, als ob er sie malen wollte. In dieser Pose blieb er lange Zeit stehen, dann schüttelte er ihren Arm, dreimal seinen Kopf, seufzte ganz furchtbar, als ob es seinen Körper spalten wollte, und ging dann, rückwärtsschauend, sie ständig fixierend, aus der Tür.

Damit ist für Polonius klar: »That has made him mad.« (Das hat ihn verrückt gemacht.) Von nun an wird er ständig zu beweisen versuchen, daß die frustrierte Liebe Hamlets zu Ophelia der eigentliche Grund seines Wahnsinns ist.

Die zweite Szene des zweiten Aktes führt uns in einen Saal des Schlosses. Hier ist offizielle Empfangszeit, denn der König und die Königin mit ihrem

Gefolge heißen verschiedene Besucher willkommen, unter anderem auch die Lords aus Wittenberg, Rosencrantz und Guildenstern. Der König hat nach ihnen geschickt, damit sie Hamlet nach den Gründen für sein merkwürdiges Benehmen ausforschen. Damit haben wir wieder eine Parallele zur vorherigen Szene, als Polonius Rinaldo als Spion nach Paris schickte. Der König operiert also ähnlich wie Hamlet: Er operiert mit Plan B. Neben Polonius will er eigene Beobachter installieren, denn er ist skeptisch gegenüber Polonius' These von der Liebesmelancholie. Offiziell begründet er diese Maßnahmen mit seiner Besorgnis. Er möchte, falls Hamlet unter einer geheimen Bürde leidet, ihm helfen. Die Königin bekräftigt den Auftrag und stellt eine Belohnung in Aussicht. Die beiden Lords sind sofort bereit, den Auftrag zu übernehmen. Sie sind bewußt so gedoppelt, daß sie nur als Paar wahrgenommen werden. Man verwechselt sie in der Anrede: Rosencrantz wird mit Guildenstern und umgekehrt verwechselt. Und sie selbst reden nur parallel: Was der eine sagt, wiederholt der andere in anderen Worten. »Both, Your majesty«, sagt der eine und: » But we both obey«, sagt der andere. Die beiden sind auswechselbar. Der eine ist das Spiegelbild des anderen. Dazu tragen die dreisilbigen Namen bei: Sie bilden einen Daktylus. Sie kommen dreihebig daher. Eine betont, zwei unbetont. Als Tom Stoppard die ganze Geschichte des Hamlet aus ihrer Perspektive wiedererzählte, wurden daraus Wladimir und Estragon von Beckett.

Nachdem die beiden abgegangen sind, treten wieder Zwillinge auf: die Botschafter aus Norwegen. Sie bringen gute Nachrichten. Der alte Fortinbras hat den jungen Raufbold, seinen Neffen Fortinbras, schwören lassen, niemals gegen Dänemark zu ziehen, und ihm dann erlaubt, die ausgehobenen Soldaten gegen Polen zu gebrauchen. Zu diesem Zweck bittet er den König Claudius um ein Durchmarschrecht durch sein Territorium.

Nachdem das also abgeschlossen ist, kommt der Auftritt des Polonius. Das ist wie die Nummer eines Stand-up-Comedians in einer Music-Hall. In gespreizter und selbstgefälliger Rhetorik inszeniert Polonius den Nachweis, daß Hamlet unter Melancholie leidet, seitdem Ophelia ihn zurückgewiesen hat. Als Beweis bringt er einen Brief, den er umständlich und nicht ohne Kommentare zum Stil vorliest. Und schließlich entwirft er die lehrbuchartige Sequenz der progressiven Verfallsstadien, durch die ein Liebesmelancholiker seinem Untergang entgegentaumelt. »Erst fiel er in die Melancholie, dann in das Fasten, dann in das Wachen in der Nacht, dann kam die Schwäche, dann der Schwindel und dann die Verrücktheit selbst.« Der König dagegen ist nach wie vor nicht überzeugt; er möchte Beweise: »How may we try it further.« Polonius macht gleich einen Vorschlag: Er wird seine Tochter als Lockvogel benutzen. Wenn Hamlet wie üblich hier im Vorsaal oder im Empfangssaal auf- und abgeht, will er seine Tochter zu ihm schicken: »I'll lose my daughter to him.« Diese Wendung hat einen eindeutig zuhälterischen Beigeschmack.

Warum benimmt sich Hamlet so ekelhaft gegenüber Ophelia? Die Antwort liegt in dem Umstand, daß Hamlet, als Polonius ankündigte, Ophelia als Lockvogel gegen ihn einzusetzen, das mitangehört hat. Sein

Betragen wird also nun auch an die beiden Lauscher hinter dem Wandteppich adressiert sein. Nachdem all diese wispernden Vorbereitungen abgeschlossen sind, sehen wir ihn.

»Schaut, wie versunken der arme Mensch in seine Bücher ist«, sagt die Königin. Hamlet tritt lesend auf. Das Buch gehört zu den typischen Accessoires des Melancholikers. Wissen macht melancholisch. Weltabgewandtheit und Versunkenheit in Bücher heißt, an der Last der Welt zu tragen und sich mehr aufzuladen, als man von seiner Lebensstellung her tragen kann. So ist der lesende Hamlet zur Ikone geworden. Das Buch ist sozusagen das Markenzeichen dieser Rolle.

Welches Buch liest Hamlet? Vielleicht Montaignes *Essais*, da er doch dessen Philosophie verkündet? Der polnische Kritiker Jan Kott hat vorgeschlagen, ein moderner Hamlet müsse auf jeden Fall Sartre lesen, denn er sei damit beschäftigt, für sich selbst eine Rolle zu finden. Vielleicht liest er auch Shakespeares Werke.

Und nun kommt es zur Konfrontation zwischen Polonius und Hamlet. Ihre Komik rührt daher, daß Polonius nicht weiß, daß Hamlet weiß, daß er vorgeführt werden soll. Und so tritt nun der Wahnsinn gegen die Intriganz an. Polonius eröffnet mit dem ersten Zug: »Kennt Ihr mich überhaupt?« So kann man nur einen Wahnsinnigen fragen. Und als Wahnsinniger antwortet Hamlet hinterhältig: »Sehr gut. Ihr seid ein Fischhändler.« Das ist im elisabethanischen Englisch ein slang word für »Zuhälter«. Und dann erteilt ihm Hamlet den Ratschlag, seine Tochter nicht in der Sonne spazierengehen zu lassen. Denn die Sonne küßt das Fleisch und zeugt auf diese Weise Larven und Würmer. Zugleich enthält der Text ein Wortspiel auf den Sohn, den Königssohn von Dänemark. Durch die Blume warnt Hamlet also Polonius, seine Tochter nicht auf ihn loszulassen. Denn in der Sonne, aber auch von dem Sohn mag man empfangen.

Nachdem Polonius in seinen *asides* zu erkennen gegeben hat, daß er überhaupt nicht merkt, wie er an der Nase herumgeführt wird, geht es in die zweite Runde. Er will wissen, was Hamlet liest. Und er erhält die Antwort: »Words, words, words.« Da wird er deutlicher und will wissen, wovon der Text handelt. Hamlet aber versteht *matter* als Gegenstand eines Disputs. Deshalb seine Frage: »Between who?« (Zwischen wem?) Polonius stellt die Frage noch einmal richtig und erfährt dann, was Hamlet liest, nämlich Verleumdungen. Diese Verleumdungen sind offenbar auf Polonius selbst gemünzt, denn der Satiriker, den Hamlet liest, sagt, daß alte Männer graue Bärte haben, daß ihre Gesichter verrunzelt sind, daß aus ihren Augen das Harz quillt, daß sie sich durch einen Mangel an Verstand auszeichnen und ausgesprochen schwache Schenkel haben. »Das stimmt zwar alles«, sagt Hamlet, »aber eigentlich ist es nicht höflich, es auszusprechen.« Denn Polonius selbst würde so alt werden wie er (also Hamlet), wenn er wie eine Krabbe rückwärts gehen könnte. Dieser Rückwärtsgang bezieht sich auf die Zeit. Wenn die Zeit rückwärts laufen würde, würde Polonius Hamlets Alter erreichen. Das ist eine Variation auf das Thema der Zeit. Polonius hat sich ja gerade an seine Jugend erinnert, als er selbst, wie er sagt, so verliebt gewesen sei wie Hamlet, und umgekehrt soll man sich nicht über das Alter lustig machen, denn man selbst wird eines

Tages alt. Polonius ahnt, daß etwas dahintersteckt. »Ist es auch Wahnsinn, hat es doch Methode«, sagt er. Und dann kommt es zur dritten Runde. »Wollt Ihr nach draußen, in die Luft gehen?« fragt er, aber Hamlet nimmt das wörtlich und meint, er müsse aus der Luft in sein Grab gehen. Und Polonius ist beeindruckt von Hamlets Kaskade von Einfällen. Er schreibt es der Genialität des Wahnsinns zu. Hier sehen wir schon die Verschwisterung von beiden: Genie und Wahnsinn.

Damit ist diese Szene zu Ende, und während Polonius abgeht, treten Rosencrantz und Guildenstern auf. Ihr Wiedersehen mit Hamlet ist gekennzeichnet durch das im elisabethanischen Hofleben übliche leichtfüßige, witzige und neckische Konversationsgebaren junger Männer. Das sind *wit combats* (Witzgefechte). Man übertrifft sich mit Pointen. Dieser *wit* wurde auch in der Literatur gepflegt. Man findet ihn vor allen Dingen in höfischen Romanen von dem Kaliber von Lillys *Euphues*. In ihm drückt sich der zur Zeit modische *Concettismus* aus. Damit ist gemeint, daß man elaborierte, konzeptuelle Parallelisierungen, verblüffende Ähnlichkeiten und Doppeldeutigkeiten bis in die manieristischen Höhen treibt. Man übertrumpfte sich mit Wortspielen.

So benutzten die beiden Lords Hamlets Frage, wie es ihnen gehe, dazu, das Bild der Fortuna zu entwerfen, um daran zu zeigen, daß sie nicht ganz oben, aber auch nicht ganz unten wohnen, sondern ungefähr in ihrer Mitte. Das wird dann zu einem schrägen Scherz benutzt, wenn es heißt: Sie wohnen nicht nur »in ihrer Taille«, sondern »in ihren privates«, d. h. in ihren Geschlechtsteilen. »Das«, sagt Hamlet, »wäre auch angemessen, denn die Fortuna ist eine Hure.« Hamlet will wissen, womit sie sich gegen die Fortuna versündigt hätten, weil sie sie nach Dänemark ins Gefängnis schicke. Aber Rosencrantz generalisiert das: »Die ganze Welt ist ein Gefängnis.« Hamlet greift das auf: »Darin gibt es viele Zellen und Verliese.« Nun wird die ganze Existenz zum Gefängnis erklärt, aus dem man nur durch den Tod ausbricht. Dieses Geplänkel knüpft an die Metapher vom Leib als Gefängnis an. Er hält die Seele gefangen. Man ist also ein vorübergehender Gefängnisinsasse. Danach fliegt die Seele wie ein Vogel gen Himmel. Nun, hier ist Dänemark, eines der schlimmsten Gefängnisse. Und dann kommt eine sehr interessante philosophische Bemerkung. Wenn Rosencrantz und Guildenstern Dänemark nicht als Gefängnis empfänden, liege das an ihrer Perspektive, denn es gibt nichts Gutes oder Schlechtes an sich, sagt er, sondern das Denken macht es dazu.

Hier zeigt sich der Einfluß Montaignes. Das Sein zeigt sich nicht mehr von selbst wie in der Ontologie, sondern was man sieht, hängt ab vom Standort. Aber Rosencrantz liest an Hamlets subjektivem Eindruck das Maß seines Ehrgeizes ab. Hamlet erwidert, er könne sich mit einer Nußschale begnügen und sich als König eines unendlichen Raumes fühlen, wäre es nicht, daß er schlechte Träume hätte. Dieser Gedanke wird weitergeführt. Die Substanz des Ehrgeizes ist von der Natur der Träume. Oder sogar nur der Schatten eines Traums. Der Schatten eines Schattens, wie Rosencrantz bestätigt. Daraus zieht Hamlet wieder den Schluß: »Wenn Ehrgeiz nur der Schatten eines Schattens ist, sind unsere Bettler das Gegenteil von Schatten, nämlich Körper.« Warum? Weil sie keinen Ehrgeiz haben. Und deren Schatten sind dann die Monarchen und die aufgeblähten Helden.

Doch dann bricht Hamlet aus dem Geplänkel aus: »I cannot reason!« (Mir ist nicht nach logischen Wettkämpfen zumute.) Nachdem er es abgelehnt hatte, sie als seine Diener zu behandeln, dreht er langsam das Blatt um und fängt an, Rosencrantz und Guildenstern auszuhorchen. Er will wissen, ob man nach ihnen geschickt hat. Die beiden versuchen auszuweichen. Darauf beschwört er sie bei ihrer alten Freundschaft, beim Gleichklang ihrer Jugend, mit ihm ehrlich zu sein und ihm zu sagen, ob nach ihnen geschickt worden ist. Sie beraten sich kurz miteinander, was schon klarmacht, daß Hamlet recht hat, und sie bekennen: »My Lord, we were sent for.« Um ihnen nun zu ersparen, ihre Verpflichtung zur Geheimhaltung gegenüber dem Königspaar zu verletzen, sagt Hamlet ihnen, warum nach ihnen geschickt wurde, so daß sie es ihm nicht selber sagen müssen. Und dann nennt er selbst ein Scheinmotiv für seine sogenannte Transformation.

Dieser Text ist ein Zentraltext für das Menschenbild der Renaissance. Wir hören in ihm Echos von Florios Übersetzung von Montaigne. »Die Erde«, sagt er, »erscheine ihm als unfruchtbares Vorgebirge.« Man könnte hier ergänzen: »in einer See von Plagen«, wie es später im großen Monolog heißen wird. Die ganze Passage besteht aus einer krassen Gegenüberstellung einer optimistischen und pessimistischen Weltsicht. Zugleich, wie sehr beide zusammenhängen. Die Enttäuschung des Optimismus führt zum Gegenteil, zu einer Entleerung von Bedeutung. Die Teile des Gegensatzes sind aufeinander angewiesen. »Seht Ihr«, sagt er,

»dieser herrliche Baldachin, die Luft, dies wasserumwölbende Firmament, dieses majestätische Dach, mit goldenem Feuer ausgelegt, kommt es mir doch nicht anders vor als ein fauler, verpesteter Haufen von Dünsten. Welch ein Meisterwerk ist der Mensch! Wie edel durch Vernunft! Wie unbegrenzt an Fähigkeiten! In Gestalt und Bewegung wie bedeutend und wunderwürdig! Im Handeln wie ähnlich einem Engel! Im Begreifen wie ähnlich einem Gott! Die Zierde der Welt! Das Vorbild der Lebendigen! Und doch, was ist mit dieser Quintessenz von Staub*: Man delights not me!«

Das aber veranlaßt die beiden Lords, Hamlet von der Schauspieltruppe zu erzählen, die sie unterwegs überholt hätten. Das verschiebt die Aufmerksamkeit auf ein neues Thema: das Theater. Im folgenden wird uns das Bild einer wandernden Schauspieltruppe vorgeführt. Wie zu Zeiten Shakespeares üblich, haben sie ihr festes Theater in der Stadt, aber während bestimmter Zeiten gehen sie auf Tournee. Und dann ziehen sie von einem Adelssitz zum anderen, um ihre Dienste anzubieten.

In der Replik Hamlets werden nun die üblichen Typen durchkonjugiert. Der, der den König spielt, soll von Hamlet den Tribut als Beifall und als Bezahlung einholen, der, der den fahrenden Ritter spielt, soll seinen Degen und sein Schild gebrauchen, der Liebhaber soll nicht umsonst seufzen, der *humorous man*, das ist nicht ein Komiker, sondern ein von einer bestimmten Leidenschaft an Körpersaft beherrschte Figur, der Komiker dagegen ist der Clown. Er soll diejenigen zum

* Zitiert nach Schlegel/Tieck.

Lachen bringen, deren Lungen wie Kanonen abgefeuert werden können. Und die Dame soll sich frei aussprechen, denn wenn sie das nicht tut, fängt der Blankvers an zu lahmen. Warum? Er skandiert dann nicht mehr richtig, weil sie die schmutzigen Wörter wegläßt. Um was für Schauspieler handelt es sich? Es sind die *Tragedians of the City*.

In der Regel vermutet man dahinter *The Lord Admiral's Men*. Ihr großer tragischer Darsteller war Edward Alleyn. Er trat in Marlowes Stücken auf. Es handelt sich also nicht um Shakespeares Company, die hier geschildert wird. Deren Ruf beruhte in dieser Zeit vor allen Dingen auf der Aufführung von Komödien.

Wir erfahren, daß Hamlet sich an den *Tragedians of the City* vorher erfreut hat. Deshalb will er wissen, warum sie überhaupt auf Tournee gegangen sind. Es ging ihnen ja besser, als sie in der Stadt waren. Rosencrantz' Antwort ist viel diskutiert worden. »I think, their inhibition comes by the means of the late innovation.« *Inhibition* ist ein legales Verbot zu spielen, und *innovation* ist eine Art politischer Aufstand.

Zwar hat man das mit dem Essex-Aufstand in Verbindung gebracht, aber Shakespeares Company hatte ja kein Aufführungsverbot erhalten. Dagegen hatten die *Lord Admiral's Men* im Zusammenhang mit irgendeinem Rechtsstreit ein Aufführungsverbot im Jahre 1601.

Außerdem hören wir, daß sie nicht besonders beliebt seien in der Stadt. Das würde Shakespeare wohl über seine eigene Truppe nicht gesagt haben. Immerhin ist das nicht darauf zurückzuführen, daß sie etwa schlecht geworden sind. Sie strengen sich noch genau so an wie früher. Aber es gibt ein Nest von Kindern.

Tatsächlich gab es Kindertheater, wovon zwei besonders prominent geworden sind, *The Children of the Chapel*, die zum königlichen Haushalt gehörten und als Chorknaben anfingen, und die *Children of St. Paul's*, die zur Latein-Schule gehörten, die der St. Paul's Kathedrale attachiert war. Die einen spielten vor allen Dingen Stücke von Ben Jonson und die anderen Stücke von Marsten, Chapman, Middleton, Decker und Webster. Und das führte zu einer Rivalität, die sich in dem sogenannten Theaterkrieg oder der Poetomachia ausdrückte in den Jahren 1599 bis 1602. Die Schlacht wogte vor allem zwischen Jonson auf der einen Seite und Marsten und Dekker auf der anderen hin und her. In dieser Auseinandersetzung waren es die Kindertruppen, die die meisten Stücke spielten. Das wird als Grund dafür genannt, daß die erwachsenen Schauspieler gezwungen sind, in der Provinz auf Tournee zu gehen, weil die Kinder im Augenblick so sehr in Mode sind. Niemand tat etwas für ein Stück, das nicht irgendwie auf diese Kontroverse bezogen ist, und da sind die Kinder eben im Vorteil.

»Do the boys carry it away?« (Tragen die Kinder den Sieg davon?). »Ja«, sagt Rosencrantz, »Herkules und seine Bürde auch.« Herkules hat eine Weile die Welt getragen, also *the globe.* Das Zeichen des Globe-Theaters war der Herkules, der für eine Weile dem Atlas die Welt hielt. Die Spieler, die jetzt hier auftreten, bieten kein Selbstporträt von Shakespeares Theater-Company. Es ist eher die Konkurrenz, die er vorführt. Das Schwanken des Publikumsgeschmacks bei den Theatern entspricht dann für Hamlet der Geschwindigkeit, mit der man bei Hofe sich von seinem Vater ab- und dem neuen König zuwandte.

Wir erinnern uns: In einem der ersten Monologe hat Hamlet den Vergleich zwischen Claudius und Hamlet-Senior parallelisiert mit dem Vergleich zwischen sich selbst und Herkules. Zu regieren war immer eine herkulische Arbeit. Und darin gab sich das Globe-Theater als *King's Men* zu erkennen.

Und dann ertönen die Trompeten. Sie verkünden sowohl auf der Straße wie im Theater den Auftritt der Schauspieler. Hamlet legt jetzt ein anderes Verhalten an den Tag. Er muß wieder die offizielle Maske aufsetzen. Höflinge treten auf. Vor ihnen heißt er Rosencrantz und Guildenstern noch einmal offiziell willkommen. So wie heutige Politiker alles noch einmal für die Kamera tun. »Laßt mich auf diese Weise«, sagt er und meint das Händeschütteln, »mein Willkommen ausdrücken, damit nicht mein Willkommensgruß an die Schauspieler, der sehr herzlich sein muß, so aussieht, als ob ich Euch weniger willkommen heiße.« Und dann macht er eine kryptische Andeutung: Er zieht sie zu sich heran und sagt. »But my uncle-father and aunt-mother are deceived. [...] When the wind is southerly, I know a hawk from a handsaw« (»...Ich kann eine Handsäge von einem Hackinstrument unterscheiden.«) Damit meint er wohl Rosencrantz und Guildenstern. Aber hawk and handsaw klingen auch wie hernshaw und hawk, und das heißt Reier und Falke. Erst diese Variante verleiht dem vorherigen Anteil des Satzes einen Sinn, wenn er sagt: »When the wind is southerly.« Dann wird daraus eine Szene der Falknerei. Bei Südwind muß man nämlich während der Jagd ins Licht schauen, und dann war es schwierig, Falke und Reiher zu unterscheiden. Damit sagt er durch die Blume, daß ihm es durchaus gelingt, auch bei Südwind die beiden als Raubvögel zu identifizieren. Rosencrantz und Guildenstern nämlich. In der elisabethanischen Ikonographie bedeutete der Kampf zwischen Falke und Reiher den *agon mortis*, den Todeskampf. Und nun erscheint wieder Polonius, und, wie Hamlet voraussagt, kündigt er die Schauspieler an.

Wenn Hamlet auf Roscius, den römischen Schauspieler, anspielt, will er damit zu verstehen geben, daß Polonius' Nachricht schon uralt ist. Zugleich wurde Roscius häufig mit dem größten Tragöden der Elisabethaner, Edward Allen, verglichen. Und der war der Hauptdarsteller der *Lord Admiral's Men*. Man wird sich also vorzustellen haben, daß bei der Uraufführung des *Hamlet* der *first player*, der bald auftreten wird, sich so aufführen wird, wie Alleyn das tat, und damit eine Art von Parodie liefert. Hamlet reagiert jetzt mit Ungeduld auf Polonius' Breitspurigkeit. Der aber läßt sich nicht davon abhalten, in pedantischen Kategorien die ganzen Mischformen theatralischer Stile aufzuzählen: »either for tragedy, comedy, history, pastoral, pastoral comical, historical pastoral, tragical historical, tragical comical, historical pastoral, seen individable«, das bezieht sich darauf, daß es sich um ein Stück mit den aristotelischen Einheiten des Ortes und der Zeit handelt, während umgekehrt *form unlimited* das eben nicht tut.

Diese Unterscheidung wird fortgesetzt mit der Opposition von Seneca und Plautus. Während der eine *the law of writ*, d. h. strikteste Observanz poetischer Regeln befolgt, wird Plautus auf *the liberty* bezogen. Zugleich bezieht sich *the law of writ* auf die Jurisdiktion des Sheriffs von London, in dessen Bereich Theater nicht erlaubt waren. Und die *liberty* waren die Distrikte der City, wo die Jurisdiktion des Sheriffs nicht hinreichte. An die Vorstellungen der Jurisdiktion knüpft Hamlets Anrufung von *Jephta, Judge of Israel,* an. Einerseits hat Jephta seine Tochter geopfert, so wie Polonius das mit Ophelia tut, und andererseits war »Jephta« der Titel eines Stückes von Decker und Monday, das im Juli 1601 aufgeführt wurde, und darin findet sich ein Lied, das Hamlet jetzt zitiert. »One fair daughter and no more, the which he loved passing well.« Das ist der Schatz des Richters von Israel. Dabei identifiziert Hamlet Polonius mit Jephta. Zugleich bestätigt er damit dessen Verdacht, er sei verrückt aus Liebesmelancholie. Die für uns unverständlichen Wortspielereien beziehen sich auf das Lied. Wenn Hamlet sagt: »Nay, that follows not«, bezieht er sich damit auf die logische Konsequenz, die Polonius gezogen hat. Hamlet aber meint die nächste Zeile, die im Lied folgt, und die heißt in der Tat »as by lot god wot'«. Und die nächste heißt auch tatsächlich: »It came to pass as most like it was.« Die Zeile, die er nicht mehr nennt, heißt »Great wars there should be«. (Es würden große Kriege stattfinden.) Aber eben das zu sagen hat er keine Gelegenheit mehr, denn hier kommt seine *Abkürzung,* wie er sagt, nämlich die Schauspieler selbst.

Er begrüßt nun die Schauspieler. Den, den er später *first player* nennt, kennt er besonders gut. Er nennt ihn *old friend,* sein Gesicht ist mit einem Bart bedeckt, seit er ihn zuletzt gesehen hat. Dann begrüßt er den Knaben der Company, der normalerweise die Frauenrolle spielte. Er scherzt mit ihm, indem er sagt, er sei gewachsen und zwar genau um die Höhe einer Schuhsohle. Und er hoffe, daß seine Stimme noch nicht wie eine Goldmünze gesprungen ist, weil er ja nah am Stimmbruch ist, so daß sie nicht mehr als Zahlungsmittel akzeptiert wird. Und dann fordert er die Schauspieler auf, gleich einen Vorgeschmack ihrer Kunst zu geben, so wie französische Falkner, die sich nicht an die Regeln der edlen Falknerei hielten, sondern ihre Falken auf jede Beute fliegen ließen. Und er beginnt selbst mit einer *passionate speech*, also einem Monolog, den er schon einmal gehört hat in einem Stück, das der Menge nicht gefallen hat. Aber nach dem Geschmack der Urteilsfähigen war es ein gutes Stück mit soviel Zurückhaltung wie Kunstfertigkeit geschrieben.

Wir bekommen jetzt einen Eindruck von der Kunst und der Theaterkritik der Zeit. Er erinnert sich an eine Rede, die keine saftigen Witze enthielt, um die Sache würzig zu machen, noch einen Gegenstand, der den Autor der Affektiertheit überführt hätte, aber einen würdigen Stil zeigte, ohne jede Ornamentik. Und dann fällt ihm auch die Passage wieder ein, die er meint. Und zwar handelt es sich um Aeneas' Erzählung über den Tod des Priamus. Bis jetzt hat man kein Stück als Quelle für diese Rede identifiziert. Bis dahin muß man also annehmen, daß die Rede von Shakespeare selbst geschrieben wurde. Wenn das so ist, zeigt Shakespeare, daß er die beiden Stücke über *Dido and Aeneas* von Nash und Marlowe übertrumpfen konnte. Was wir jetzt hören werden, ist zweifellos bombastisch und enthält eine Parodie des Seneca-Stils und des üblichen Botenberichts.

Dieser Botenbericht erzählt von dem Fall Trojas und schildert den rasenden Pyrrhus, der den greisen Priamus findet und mit seinem Schwert ausholt, um ihn niederzustrecken. Im selben Moment kracht das brennende Ilion zusammen. Und da bleibt Pyrrhus mit erhobenem Schwert stehen und erstarrt. Wie ein gemalter Tyrann stand er da und tat nichts. Dies ist eine jener Pathosformeln, die Aby Warburg *Engramme* genannt hat: geprägte Ausdrücke der maximalen Erregung. Für ihn sind sie Einschlüsse und Leitfossilien, Energiekonserven, die die Reflexe des Urzustandes der Angst enthalten. In der Kunst der Antike wird laut Warburg diese Angst auf Distanz gebracht, und zwischen Erregung und Reflex tritt das Bild und eröffnet einen Denkraum der Besonnenheit. Zugleich enthält dieses Bild eine Antizipation der Situation Hamlets. Denn dieser wird später in einer anderen Szene mit ebenso erhobenem Schwert über dem König Claudius stehen und wird ihn doch nicht umbringen. Das Zögern Pyrrhus' ist das Zögern Hamlets.

Doch dieses Zögern ist nichts anderes als die Ruhe vor dem Sturm. Auf dem Höhepunkt dieses emotionalen Ausbruchs sagt Polonius : »Das ist zu lang!« Hamlet reagiert bitter und satirisch. Polonius, so vermutet er, wird offenbar nur durch eine schmutzige Geschichte oder einen Tanz wachgehalten. Doch dann kommt in dem Text ein Ausdruck, der auch Hamlet stutzen läßt: »But who, o who, had seen the mobbled queen?« *Mobbled* ist eine Dialektvariante von *muffled* (verhüllt). Schlegel übersetzt das noch mit »schlotterricht«. Aber es heißt in Wirklichkeit »verhüllten Hauptes«. Man kann sicher sein, daß, wenn es nichts taugt, Polonius die Sache lobt.

Im letzten Teil der Rede steigert sich der Schauspieler in Rage. Damit wird die Schauspielerei selbst vorgeführt. Polonius ist äußerst beeindruckt. Er weist darauf hin, daß der Schauspieler sich selbst völlig verfärbt hat und Tränen in den Augen hat. Hamlet bittet dann Polonius, die Schauspieler gut unterzubringen. Sie seien die wahren »*Chroniken der Zeit*«, und deshalb täte er besser daran, sie gut zu behandeln. Es wäre besser, ein schlechtes Epitaph auf dem Grab stehen zu haben, als zu Lebzeiten bei ihnen schlecht angeschrieben zu sein. Und als Polonius antwortet, er werde sie nach Verdienst behandeln, reagiert Hamlet scharf mit einer Antwort, die Echos der Gnadentheologie enthält. »Wenn wir nach unseren Verdiensten behandelt würden«, sagt er, »dann würden wir alle nicht bestehen können.« Nicht ihr Verdienst darf den Ausschlag geben, sondern die eigene Ehrauffassung. Das alles ist höfische Klugheitslehre.

Als Polonius nun die Schauspieler zu ihren Quartieren führt, hält Hamlet den *first player* zurück. Offenbar ist ihm eine Idee gekommen. Er erinnert sich an ein Stück, den *Mord an Gonzago,* und er bittet den Schauspieler, es für den morgigen Abend vorzubereiten. Dabei sollen sie ein paar Zeilen einstudieren, die Hamlet selbst noch schreiben werde. Die Vorführung des Stückes »*The Murder of Gonzago*« werden wir im *Hamlet* selbst erleben.

Nachdem der Schauspieler ihn verlassen hat, erfolgt in dem zweiten größeren berühmten Monolog Hamlets eine Reflexion auf die Schauspielerei als Medium. Darin wundert er sich, daß der Schauspieler seine Seelenkräfte so sehr in die Richtung seiner eigenen Vorstellungen – *his own conceit* – zwingen konnte, daß sogar die äußere Erscheinung sich ändert. Er wurde bleich, er hatte Tränen in den Augen, er sah völlig verwirrt aus. Er hatte eine gebrochene Stimme, »Für was?« fragt Hamlet, »Für nichts! Für Hekuba!« (What's Hecuba to him or he to Hecuba, that he should weep for her?) Hekuba, so erinnern wir uns, war die Witwe des Priamus, den Pyrrhus umgebracht hat. Was bedeutet ihm Hekuba, daß er um sie weinen sollte? Nun, Hekuba ist eine Witwe, wie Gertrude. Und nun weint der Schauspieler um Hekuba. Damit parallelisiert er sich selbst mit dem Schauspieler. Auch das Schauspielermotiv hat er vorher schon angeschlagen, als er seiner Mutter geantwortet hatte, daß die Demonstration der Trauer etwas ist, was der Mensch spielen kann. Jetzt bekommen wir dafür die Demonstration. Der Schauspieler hat das vorgeführt. Wir haben die Beschreibung gehört. »Tears in his eyes, distraction in's aspect, a broken voice« und das alles für nichts! Was würde er erst tun, fragt Hamlet rhetorisch, wenn er das Motiv und den Schlüsselreiz für die Leidenschaft hätte, die ich habe? Er würde die Bühne in Tränen ertränken, das allgemeine Ohr mit schauriger Rede spalten, die Schuldigen verrückt machen, die Unschuldigen erschrecken, die Unwissenden verwirren und die Sinnesvermögen der Augen und Ohren zum Staunen bringen. Das malt er als Kontrastbild zu sich selbst aus, er, der ein langweiliger, unsensibler Bursche ist, der ohne Rücksicht auf sein Motiv wie ein verträumter Johann gar nichts tut. »Bin ich ein Feigling?« fragt er. »Wer nennt mich einen Schurken, schlägt mir auf die Rübe, reißt mir den Bart ab und bläst ihn mir ins Gesicht? Zieht mich an der Nase und nennt mich einen Lügner? Bei Gottes Wunden, ich würde es hinnehmen. Es muß wohl so sein: Ich habe die Leber einer Friedenstaube. Mir fehlt's an Galle, um die Beleidigungen bitter schmecken zu lassen. Oder ich hätte die Geier der Luft mit dem Aas dieses Sklaven gefüttert.«

Hier schildert Hamlet sich also als jemand, der keine Ehre hat. Er läßt sich einfach beleidigen. Dabei steigert er sich in einen Paroxysmus der Selbstverachtung. Ihm fehlt es an Ehrgefühl, und es heißt dann Selbstachtung. Immer wieder, wenn es um die Form der Selbstbezüglichkeit geht, sind wir in der Nähe von Paradoxien. So gibt es etwa Eigenschaften, die man sich nicht abfordern kann, weil die Forderung schon im Gegensatz steht zu der verlangten Eigenschaft. Zum Beispiel kann man nicht originell sein wollen. Wenn man es versucht, kopiert man das Schema der Originalität.

Nun macht Hamlet darauf die Probe aufs Exempel. Er schauspielert seine eigene Authentizität. Damit führt er aber eine doppelte Imitation vor: Der Schauspieler imitiert den Wütenden, wenn er den rasenden Pyrrhus spielt, und dann denjenigen, der über Hekuba weint, und Hamlet imitiert diesen Schauspieler. Er imitiert einen Imitator. Zu diesem Zweck läßt er sich mit Affekten überfluten. Er reizt sie durch seinen Selbstekel zum Ausbruch. »Bloody bawdy villain, remorseless treacherous lecherous kindless villain!« Aber eben daran kann er seine Inauthentizität besichtigen. »Why, what an ass am I?« (Was bin ich für ein Esel, daß ich, der Sohn eines ermordeten Vaters, angetrieben zu meiner Rache durch Himmel und Hölle mein Herz mit Wortschwallen erleichtere wie eine Hure und fluche wie ein Strichjunge!) Damit gibt Hamlet zu erkennen:

Der Schauspieler ist kein Rollenmodell für ihn. Sein bombastischer Personalstil gehört ebenso zum traditionellen Rachedrama wie zum Seneca-Rächer.

Wenn Hamlet jetzt nachdenkt: »About, my brains!«, bleibt er noch bei dem Theatermodell. Er weiß, daß Schuldige, die ein Stück sehen, durch die Wirkung der Szene so weit gebracht wurden, ihre Übeltaten offen zu bekennen. Aus zeitgenössischen Berichten wissen wir, daß das stimmt: Das Theater leiht dem geheimen Mord seine Zunge. Und das Organ ist der Schauspieler. Deshalb plant nun Hamlet, die Schauspieler ein Stück spielen zu lassen, in dem so etwas Ähnliches vorkommt wie der Mord an seinem Vater. Das will er vor dem Onkel spielen lassen und dabei seine Reaktion beobachten. »Wenn er erbleicht«, sagt er, »kenne ich meinen Kurs.« »Der Geist, den ich gesehen habe, mag ein Teufel gewesen sein.« Der Teufel hat die Macht, ein gefälliges Äußeres anzunehmen, und er ist besonders wirksam bei Leuten wie ihm selbst, die melancholische Anwandlungen haben. »Ich brauche also Gründe«, sagt Hamlet, »die schlüssiger sind als die, die sich von einem Geist herleiten.« Der Geist erhält also eine Parallele und wird durch das Drama gedoubelt. »The play's the thing, wherein I'll catch the conscience of the King.« Dem Auftritt des Geistes folgt der Auftritt des Schauspielers. Die Geister erscheinen auf dem Theater. Wem die Geister nicht mehr selbstverständlich sind, der braucht das Theater als Ort der Beschwörung der Vergangenheit. Und das Theater seinerseits wird zum Vorläufer des Subjekts als *theatrum internum.*

Im dritten Akt steuert Shakespeare immer auf den Höhepunkt zu. Wir sehen die informellen Mitarbeiter Rosencrantz und Guildenstern, die dem Königspaar einen ersten Report über ihre Begegnung mit Hamlet geben. Der König ist geradezu gierig darauf. Er will wissen, ob sie durch die Richtung, die sie ihrem Gespräch geben konnten, etwas darüber erfahren haben, warum Hamlet sich so verrückt gebärdet. Sie bekennen, daß sie an das Motiv noch nicht herangekommen seien. Er hülle sich in eine schlaue Verrücktheit, unwillig, ausgehorcht zu werden. Er habe sich dazu zwingen müssen, sie gut zu empfangen, sei geizig in seiner Konversation, habe auf ihre Fragen aber offen geantwortet. Und dann berichten sie, daß er sehr lebhaft auf die Schauspieler reagiert habe und diese angewiesen seien, abends vor ihm zu spielen. Polonius bestätigt das und überbringt die Bitte an beide Majestäten, sich das Stück anzusehen.

Das ist nun beiden Majestäten sehr recht. Alle absolutistischen Monarchen sahen es stets gerne, wenn die jungen Adligen ihres Hofes sich den Wettkämpfen, dem Sport und den Vergnügungen überließen: Denn dann konspirierten sie nicht gegen sie. So war denn auch der Spielbetrieb des Hofes die elaborierte Etikette, das stetige Buhlen um die Gunst des Königs und seine Nähe dem Ziel gewidmet, den Adel beschäftigt zu halten. Und so weist Claudius auch die beiden Lords an, Hamlet in dieser Neigung zu bestärken, und sie selbst versprechen, der Aufführung des Stückes beizuwohnen.

Als der König die beiden entläßt, erscheint Polonius mit Ophelia und inszeniert nun seinerseits ein kleines Stück. Man weiß, daß Hamlet nach seiner Gewohnheit hier lesend auftritt. Da soll ihm nun Ophelia unter die Augen kommen. Dem Königspaar weist er die Zuschauerplätze hinter einer Wandtapete an. Er saust nun zwischen dem Königspaar und Ophelia als Regisseur hin und her und gibt Regieanweisungen: »Ophelia, geh du hier auf und ab!« Dann wieder zurück zu den Majestäten: »Euer Gnaden, wenn es Euch beliebt...« Und er bugsiert sie hinter den Wandschirm. Dann wieder zu Ophelia: »Lies in diesem Buch!« Dabei handelt es sich um eine Art Gebetbuch. Denn Polonius spricht von der »Maske der Devotion«, mit der man rechtfertigt, daß man allein ist. Diese Bemerkung löst bei Claudius zum erstenmal ein Bekenntnis seiner Schuld aus. Er spricht von den Peitschenhieben, die die Betrachtung des Polonius seinem Gewissen verabreicht, und vergleicht seine geschminkten Reden mit der geschminkten Wange der Hure. Das ist ein verdeckter Hinweis auf das Zuhälterische dieser Szene, in der Ophelia auf Hamlet losgelassen wird und Polonius den Zuhälter spielt. Um Hamlets Reaktion zu verstehen, müssen wir uns daran erinnern, daß er die Planung dieser Szene belauscht hatte und nun seinerseits für die versteckten Zuschauer Theater spielt. Bevor dies alles jedoch geschieht, hören wir den Monolog der Monologe: Sein oder Nichtsein.

Er betrifft das Thema aller Themen: den Tod. Offenbar steht das Thema im Zusammenhang mit dem, was Hamlet liest. Man hat vermutet, daß es zwei Essays von Montaigne sind, und zwar die Essays »Philosophieren heißt sterben lernen« und »Über unser Glück sollte man erst nach dem Tode urteilen«. Auch Montaigne greift das Motiv des Schauspielers auf und setzt ihm den Tod entgegen. Überall ist Verstellung möglich, sagt Montaigne, aber bei der letzten Szene zwischen uns und dem Tod gilt keine Verstellung mehr. Montaigne seinerseits zitiert wieder Lukrez, dann reflektiert er über die, die versuchen, ihn zu verdrängen, die Feigen, die nicht an ihn denken, die durch viehische Gleichgültigkeit sich ihn vom Leibe halten. Das hielte Montaigne noch für akzeptabel, wenn man dem Tod ausweichen könnte, aber eben das geht nicht: Er holt auch die ein, die ihn zu fliehen versuchen. Und so konstruiert er die Alternative, ob es besser wäre, zu fliehen oder dem Tod entgegenzutreten. Und optiert dann für die zweite Variante.

Er empfiehlt, sich den Tod in vielen Formen vorzustellen, um sich an ihn zu gewöhnen. Denn nur so könne man sich darauf vorbereiten, ihm in männlicher Haltung entgegenzutreten. Das ist die *ars moriendi,* die Kunst zu sterben, die man lernen konnte. »Denn wer zu sterben versteht, den drückt kein Dienst mehr«, sagt Montaigne. »Nichts ist mehr schlimm im Leben für den, der begriffen hat, daß es kein Unglück ist, nicht mehr zu leben. Wozu zurückweichen, wo man doch nicht endgültig ausweichen kann?«, sagt er. Es sei einfältig, etwas abzulehnen, worüber gar keine Erfahrungen vorliegen.

Zu den gemeinsamen Quellen von Shakespeare und Montaigne gehört Senecas *De brevitate vitae*, von der kurzen Spanne des Lebens. Seneca argumentiert dabei so ähnlich wie Kierkegaard oder Heidegger: Entscheidend ist, ob es dem Menschen gelingt, eine Lebenseinheit herzustellen, die seinen Ursprung und sein Ende in einer einzigen Zeit versammelt. Der autonome Mensch weiß, wie er das ihm anvertraute Lebenskapital verwaltet hat, und deshalb weiß er auch, wann es Zeit ist zu sterben. Die Haltung zum Tod entscheidet darüber, wie man das Leben eines Menschen zu beurteilen hat. Das sind Überlegungen, die, wenn sie im philosophischen Gewande auftreten, *existentialistisch* heißen. Erst mit Kierkegaard und Heidegger kehrt die Philosophie zu diesem Thema zurück. *Krankheit zum Tode* nennt Kierkegaard eins seiner Bücher, und Heidegger bestimmt Existenz als den »Vorlauf in den Tod«. Danach ist der Tod die absolute Grenze des Daseins, aber zugleich konstitutiv für die Existenz. Die Ganzheit des Daseins wird von seiner absoluten Grenze aus bestimmt. Das heißt von der Kohärenz seiner Biographie. Erst wenn eine Existenz sich vom Anfang und vom Ende aus denken kann, wird sie im existentiellen Sinne geschichtlich. Nur so läßt sich ein Entwurf des Lebens als Sinnzusammenhang denken.

Das sind Traditionszusammenhänge, die in der Literatur zum *Hamlet* immer wieder dargestellt werden. Ich möchte ihnen zwei Gesichtspunkte hinzufügen, die weniger geläufig sind. Bei dem ersten beziehe ich mich auf ein Buch von Philipp Ariès, *Western Attitudes Towards Death* (Johns Hopkins University Press, 1974). Ariès betont, daß im Übergang zur Neuzeit der Tod schrecklicher wird. Im Mittelalter war der Tod eine Art von Abschnitt im Lebensprogramm, auf den man sich vorbereitete. Man inszenierte den Tod in einer öffentlichen Zeremonie. Das Todeszimmer wurde ein öffentlicher Ort, und bis in die Neuzeit hinein beschwerten sich die Ärzte, daß die Sterbezimmer übervölkert seien. Hinzu kommt das, was ich im Zusammenhang mit der Abschaffung des Fegefeuers erwähnt habe: die Gleichzeitigkeit von Toten und Lebenden. Da das Jenseits eine Art von Begleitpräsens war und die Differenz zwischen Transzendenz und Immanenz die Gegenwart spaltete, waren die Toten noch in derselben Zeit wie die Lebenden. Deswegen konnten sie aus dem Jenseits auch ohne weiteres ins Diesseits wechseln. Die Vertrautheit mit dem Tod war eine Vertrautheit mit den Toten. In der Renaissance dagegen ändert sich die Haltung zum Tode. Er wird stärker individualisiert. Das zeigt sich daran, daß die allgemeine Idee des Jüngsten Gerichts nun auf die Person bezogen wird. Am Ende seines Lebens hat jeder seinen eigenen Gerichtstag. Seine guten und schlechten Taten werden dabei in einem Buch festgehalten. Das ist das *liber vitae,* eine Art individueller Sündenbilanz. Es ist eine Vorwegnahme des Reisepasses, und zwar des Reisepasses ins Jenseits. Dieses Buch wird aber nicht zum Ende des Lebens geschlossen, sondern erst am Ende aller Tage, wenn das Jüngste Gericht stattfindet.

In Hamlets Lektüre des Buches findet sich eine ikonographische Verbindung dieser beiden Bereiche. Die bis heute vertraute Vorstellung, daß man in der Stunde des Todes noch mal sein ganzes Leben vor seinen Augen abrollen lasse, findet hier ihren Ursprung. Die Art und Weise, wie sich jemand gegenüber dieser Bilanz benahm, wurde deswegen zum Ausweis über das Urteil seines Lebens. Damit wurde der Tod stärker dramatisiert. Zugleich wird die Opposition zwischen Leben und Tod schärfer hervorgehoben. Die Dramatisierung des Todes selbst führt in die Ikonographie der Betonung des Leichnams, des Gerippes, des Totenschädels. Damit kommt ein erhöhtes Bewußtsein der eigenen Individualität und auch der eigenen Lebensfreude zum Ausdruck. Das erfolgt durch die Kontrastierung des Bildes des Todes mit dem Bild der eigenen Biographie und dem Bild von Dingen, die man besonders geliebt hat. Die Stunde des Todes war die Stunde der höchsten Bewußtheit.

All das bereitet die Dramatisierung des Zugleich von Tod und Liebe vor, wie sie etwa von Romeo und Julia vorgeführt wird. Der Tod wird erotisch und meldet sich mit einem Kuß. Auf jeden Fall werden in der Renaissance die im Tod zusammengeführten Kontraste stärker. Der bis dahin gezähmte Tod wird zum Affront, und zwar so sehr, daß man sich von ihm herausgefordert fühlt. Das führt zu dem zweiten Aspekt, mit dem ich auf ein Thema zurückkomme, das wir schon berührt haben: die Ehre.

Es gab eine Form, in der das Jüngste Gericht schon auf Erden zu einem Test führte: das Duell. Dabei konnte man sich dem Tod selbst im Duell stellen. Das war die Dramatisierung des *agon mortis*, des Todeskampfes. Ich glaube, daß das in diesem Monolog angesprochen wird. Schon in der zweiten Zeile spricht Hamlet von *Ehre*: »Whether it is nobler in the mind...« Er fragt sich, ob es ehrenvoller im Gemüt sei, die Pfeile und Schleudern des wütenden Geschicks zu erdulden wie ein Feigling, als den er sich vorher bezeichnet hat, oder ob es ehrenvoller sei, die Waffen zu ergreifen gegen eine See von Plagen und sie damit zu beenden. In diesem Monolog fällt Hamlet auf, was das Leben den Menschen antut: *Whips and scorns of time* – Peitschenschläge und Verhöhnungen – *the oppressors' wrong, the proud man's contumely* – das sind Beschimpfungen: die Unverschämtheit der Amtsinhaber und die Tritte... all das sind sämtlich Beleidigungen, die zum Duell führen würden. Und gerade zur Zeit der Abfassung des *Hamlet* greift das Duell als Ersatz für *the laws' delay* und *the incidence of office* um sich.

Der Code der Ehre, so haben wir vorher gesagt, regelt die Bedingungen, unter denen über den Entzug oder den Gewinn von Achtung entschieden wird. Das Duell ist deswegen eine Prüfung, die regelt, unter welchen Bedingungen eine ständisch orientierte Moralgemeinschaft Achtung entziehen oder zuteilen kann. Hier kann der einzelne seine Todesbereitschaft bekunden und damit zu verstehen geben, daß er lieber tot ist als ehrlos. Ehre muß deshalb bewiesen werden. Der Beweis wird als Prüfung gedacht. Und diese Prüfung ist eine Konfrontation mit dem Tod. Das bindet Weiterleben an die Bedingung der Todesbereitschaft. Damit wird zum Ausdruck gebracht, daß es dem Beteiligten um seine ganze Person geht.

So betrachtet, kann das Leben selbst als eine Summe von Beleidigungen empfunden werden, die mit der Selbstachtung eines Menschen nicht vereinbar ist. Bei der Ehre geht es nicht um den materiellen Schaden, der einem zugeführt wird, sondern um die Dokumentation der Mißachtung. Deshalb ist der Vorwurf der Feigheit ganz besonders ehrenrührig. Er unterstellt eine subalterne Rücksichtnahme auf Gesichtspunkte der Ängstlichkeit und der Nachteilsvermeidung und kann nur durch den Beweis des Gegenteils zurückgewiesen werden.

Hamlet bezieht all diese Gesichtspunkte auf den Tod selbst. Wenn es mit dem Tod selbst schon getan wäre, gäbe es keine Probleme. *To die, to sleep, no more,* aber was mit dem Schlaf für Träume kommen mögen, wenn wir uns vom Tumult dieses sterblichen Lebens befreit haben, das läßt uns innehalten. Das ist die Überlegung, die die Kalamität so langlebig macht. Und dann kommen all die rhetorischen Fragen nach dem, der all die Beleidigungen klaglos hinnimmt, ohne sich zu wehren. Es ist die Furcht vor etwas nach dem Tod, *the dread of something after death,* jenes unentdeckte Land, aus dessen Grenzen niemand zurückkehrt. Das lähmt den Willen und bewirkt, daß wir die Übel, die wir kennen, lieber ertragen als zu anderen fliehen, die wir nicht kennen. Das ist die Reflexion, die *Feige aus uns allen** macht. Und darüber verliert man dann die Selbstachtung.

Der Tod wird also als Duellgegner vorgestellt. Sich ihm im *agon mortis* zu stellen ist Ehrensache. Entsprechend muß dieser große Monolog als Reflexion über die Ehre in einem Duell mit dem Schicksal gelesen werden. Das Schicksal, zu Fortuna personifiziert, fügt dem Helden solche unerträglichen Beleidigungen zu, daß er sich fragt, ob es eher mit seiner Ehre zu vereinbaren ist, sie hinzunehmen oder unter Einsatz seines Lebens zu vergelten. Dabei vergleicht sich Hamlet mit einer belagerten Festung, auf die die Pfeile des Schicksals abgeschossen werden. Sich gegen es zu wehren hieße

* Zitiert nach Schlegel/Tieck.

einen Ausfall zu machen. Die *sea of troubles*, die See von Plagen, wird als die anbrandenden Wellen immer neuer Belagerer vorgestellt.

Bezogen auf die Situation, zeigt der Monolog, daß Hamlet – obwohl er nicht freiwillig kommt, sondern nach ihm geschickt wurde, und obwohl er weiß, daß Ophelia auf ihn losgelassen werden soll – nicht an Ophelia denkt, sondern Montaigne liest. Und das führt ihn auch zur Vorstellung über die Albträume, die nach dem Tode kommen mögen. In einer Zusammenfassung der Apologie des Sokrates sagt Montaigne in der englischen Übersetzung: *If death be a consummation of one's being, it is also an amendment and entrance into a long and quiet life. We find nothing so sweet in life as a quiet rest and a gentle sleep without dreams.* Die Wortwahl ist hier wichtig, weil sie im Hamlet-Monolog vorkommt. Wenn der Tod der endgültige Vollzug des eigenen Daseins ist, ist er auch ein Zusatz und das Tor zu einem langen und ruhigen Leben. Nichts ist so süß im Dasein wie eine ruhige Rast und ein traumloser Schlaf. Hamlet aber knüpft daran die Betrachtung, daß die Ewigkeit eine Falle sein könnte. Sie könnte Albträume bereithalten. Und an solche Albträume mag er vielleicht denken, wenn ihm jetzt wieder einfällt, warum Ophelia hier auf ihn lauert. Wenn er nun Ophelia anspricht, ist seine Wortwahl ironisch. Der Gebrauch von *Nymphe* ist zweifellos affektiert. Als sie ihn nun ihrerseits anredet, antwortet er distanziert und höflich: *I humbly thank you, well, well, well.* Vielleicht will er jetzt abtreten. Aber sie tritt ihm in den Weg und erinnert ihn an die Geschenke, die er ihr gegeben hat. Sie will sie ihm zurückgeben. In Hamlets Antwort muß man das *you* betonen: *No, no, I never gave you aught*. Das heißt soviel wie: Die Ophelia, der ich Geschenke gegeben habe, lebt nicht mehr. Sie hat sich in eine andere, eine fremde Ophelia verwandelt. Aber sie insistiert weiterhin und holt nun die Geschenke aus dem Mieder und bietet sie ihm an. Und sie, die ihn zurückgewiesen hatte, klagt ihn nun der Kälte an. Spätestens hier wird sich Hamlet daran erinnern, daß Ophelia als Lockvogel gebraucht wird. Denn die mitgebrachten Geschenke zeigen ihm, daß die Szene geplant wurde. Er weiß also, hinter dem Wandschirm haben sich Polonius und Onkel Claudius verborgen. Deshalb wechselt er jetzt ganz plötzlich den Ton: *Ha, ha, are you honest?* Er schaut sich im Raume um und signalisiert damit dem Publikum, daß er die Situation durchschaut hat. Und alles, was er von nun an sagt, sagt er auch an die Adresse derjenigen, von denen er weiß, daß sie ihn belauschen. Von Ophelia dagegen muß er annehmen, daß sie sich nur willig für dieses Spiel hergegeben hat und sich gegen ihn in Stellung bringen läßt. Er hält sie für eine Komplizin. Damit hat sie sich in seinen Augen diskreditiert. Das erklärt sein rüdes Benehmen.

Vor diesem Hintergrund muß der merkwürdige Dialog ungefähr folgendermaßen paraphrasiert werden: »Wärest du die keusche Maid, die du zu sein vorgibst, solltest du deiner Schönheit nicht erlauben, als Köder in dieser Weise mißbraucht zu werden.« Natürlich mißversteht Ophelia dies als allgemeine Sentenz und fragt: »Könnte die Schönheit einen besseren Umgang haben als mit der Ehrlichkeit?« Worauf Hamlet antwortet: »Die physische Schönheit ist einfach stärker als die Tugend. Und deshalb wird sie die Tugend in Dienst nehmen, für sie anzuschaffen. Man hat das zwar bisher für unglaublich gehalten, aber dein eigenes Verhalten beweist es.« Er schließt in diese Anklage auch seine Mutter mit ein und identifiziert Ophelia mit weiblicher Schwäche überhaupt. Das wird plausibel dadurch, daß der Text an die Bemerkung von Gertrude am Anfang der Szene anknüpft, wo sie sagt: »Ophelia I do wish that your good beauties be the happy cause of Hamlet's wildness; so shall I hope your virtues will bring him to his wonted way again.« Auch darin werden virtues und beauty miteinander konfrontiert. Das treibt Hamlet aus, wenn er sagt: »The power of beauty will sooner transform honesty from what it is to a bawd than the force of honesty can translate beauty into his likeness.« Das war früher ein Paradox, aber die Zeit beweist es. Und dieses Paradox benennt er jetzt selbst: *I did love you once.* Und eine Replik später kommt das Gegenteil: *I loved you not.* Dazwischen steckt die Erklärung: Es ist der Verweis auf den *old stock*, den alten Stamm, von dem er selbst abstammt, und das ist seine Mutter. Dieser alte verrottete Stamm kann durch das Aufpfropfen der Tugend nicht so veredelt werden, daß man nicht das Laster hindurchschmeckt. Deswegen kann er also sagen, er habe sie nie geliebt. Und so wie Gertrude als sündige Frau wieder nur Sünder als Kinder hervorbringen kann so wie ihn, so würde auch Ophelia *a breeder of sinners.* Deshalb gibt er ihr den Rat, ins Kloster zu gehen. *Nunnery* ist aber auch ein slang word für *Bordell.* Und als Sohn seiner sündigen Mutter klagt er sich nun selbst der grauenhaftesten Laster an. Diese Anklagen nun sind eher für die Ohren von Claudius bestimmt. Er bezeichnet sich selbst als rachsüchtig und ehrgeizig. Er spielt den malcontent, den unzufriedenen, in seinen Rechten übergangenen Thronfolger. Das muß Claudius ausgesprochen beunruhigen.

Dann gibt er Ophelia plötzlich eine letzte Chance, sich als ehrlich zu erweisen. *Wo ist Euer Vater,* fragt er. Aber sie antwortet mit einer Lüge: *At home, my Lord.* Er weiß, daß das nicht stimmt. Das beweist für ihn, daß sie ihn verrät. Mit dem Ratschlag, man solle ihren Vater einschließen, damit er nur zu Hause den Narren spielt, verabschiedet er sich. Er tut das vielleicht mit der geheimen Absicht, die Lauscher hinter der Wand hervorzulocken, um dann plötzlich zurückzukehren und sie *in flagranti* zu erwischen. Jedenfalls kommt er plötzlich zurückgestürzt und steigert seine Anklagen so weit, daß er sie fast eine Prostituierte nennt. Oder, so fährt er fort, wenn sie unbedingt heiraten wolle, solle sie einen Narren heiraten, denn ein weiser Mann weiß, welch ein Monster seine Frau aus ihm macht. Damit ist gemeint, daß er gehörnt wird. Er stürzt dann wieder hinaus, um erneut zurückzukehren und Ophelia des Lasters der Affektiertheit und der Schminkerei anzuklagen. Und dann erfolgt, wie bei einem verrückt gewordenen Herrscher, die Verkündigung eines allgemeinen Heiratsverbotes. Die, die verheiratet sind, sollen am Leben bleiben, sagt er, außer einem, und das ist für die Ohren von einem, nämlich Claudius, bestimmt.

Nach dem Abgang Hamlets warten die Lauscher hinter dem Wandschirm, ob er nicht vielleicht doch noch zurückkommt, und das gibt Ophelia Zeit, über Hamlets Zerrüttung zu klagen. Sie orientiert sich dabei am Bild des perfekten Hofmanns, wie von *Baldassare Castiglione* entworfen. Die ersten Worte des Königs machen klar, daß er Polonius' Interpretation von Hamlets Benehmen als Liebesmelancholie für abwegig hält. »Love«, fragt er, »seine Leidenschaften gingen nicht in diese Richtung, und was er sagte, klang nicht nach Verrücktheit.« Er ahnt nach den Bemerkungen Hamlets nicht ohne Grund, daß er gefährlich werden wird. Und so beschließt er, Hamlet nach England zu schikken. Die Begründung dafür ist, daß Reisen ihn ablenken würden. Polonius dagegen ist von seiner eigenen Liebesmelancholie-Theorie nicht abzubringen. Er möchte sie noch einmal testen. Die Figuren testen sich also hier gegenseitig. Dazu schlägt Polonius vor, Gertrude solle allein mit ihrem Sohn sprechen und ihn nach dem Grund seines Benehmens ausforschen. Er selbst würde, wie üblich, als Lauscher hinter der Wand versteckt sein, um alles mitanzuhören. Wenn durch dieses Gespräch Hamlets Benehmen nicht ausreichend erklärt würde, könne er ihn noch immer nach England schicken oder ihn nach seiner Weisheit einschließen.

Akt III, Szene II enthält die zentrale Szene des gesamten Dramas. Sie zeigt das berühmte Stück im Stück. Das Stück, das aufgeführt werden soll, kennen wir vom Titel: *Der Mord an Gonzago*. Und wir wissen auch, daß die Pointe des Stücks in dem Monolog bestehen wird, den Hamlet in das Stück einbauen wollte. Und es ist mit Bezug auf diesen Monolog, daß Hamlet am Anfang der Szene den *first player*, den wir schon kennen, instruiert. Es liegt ihm daran, daß dieser erste Schauspieler die Rede richtig spricht. Er soll sie nicht herausbrüllen wie ein Stadtrufer, und er soll auch nicht wild herumfuchteln, denn selbst in der wildesten Leidenschaft muß er sich eine Mäßigung auferlegen, die das Ganze natürlich erscheinen läßt.

Wir hören hier ein Stück Theaterkritik der Zeit. Es schmerzt Hamlet, sagt er, wenn er einen wilden Kerl in der Perücke sieht, der eine Leidenschaft in Fetzen reißt, nur um das Trommelfell der Meute auf den Stehplätzen zu spalten. Solche Schauspieler sind zu nichts anderem fähig als zu unverständlichen dumb shows, also Pantomimen, und Krach. Er würde einen solchen Burschen am liebsten auspeitschen dafür, daß er Krachmacher noch übertrifft und *Herodes überherodet*. (Nebenbei bemerkt: Herodes hatte die Frau seines Bruders geheiratet.) *Termagant* war ein sarazenischer Gott, der normalerweise im elisabethanischen Theater als wilder Brüller gespielt wurde. Und für Herodes gilt das gleiche.

Und dann fährt Hamlet fort, dem ersten Schauspieler positive Ratschläge zu geben. Sie laufen alle darauf hinaus, daß er natürlich, moderat und realistisch spielen solle. Man solle sich an den Teilen des Publikums orientieren, die natürliche und moderate und realistische Schauspielkunst wollten, und nicht an solchen, die vor allem Lärm hören wollten. Denn dann würden Schauspieler sich so aufführen, daß sie weder die Sprache noch den Gang von irgend etwas Menschenähnlichem behielten, sondern so herumstolzierten und brüllten, als ob ein schlechter Handwerker der Natur sie zusammengezimmert habe. Außerdem sollten sie die Clans davon abhalten, über den Text hinaus zu improvisieren. Denn dabei würden sie immer solch einen Blödsinn treiben, daß man die Pointe der seriösen Aktion nicht mitkriegt.

Wichtig für das Verständnis des weiteren Geschehens ist, daß Hamlet auf keinen Fall eine Pantomime haben möchte. Und das ist genau das, was er kriegen wird.

Nun treten Polonius, Guildenstern und Rosencrantz auf. Von ihnen erfährt er, daß der König tatsächlich zum Schauspiel kommt und die Königin auch. Er wird sie wieder los, indem er sie bittet, den Schauspielern zu sagen, sie sollten sich beeilen, denn im Augenblick kann er sie nicht brauchen. Dann ruft er Horatio, seinen einzigen Vertrauten, der nun zum erstenmal seit dem ersten Akt wieder hier auftaucht. Er lobt ihn als den ausgeglichensten Mann, den er kenne, einen, der die Schläge des Schicksals ebenso gleichmütig hingenommen habe wie ihre Belohnungen, einen, dessen Energie, Temperament und Verstand so gut gemischt seien, daß er nicht wie eine Flöte in den Fingern der Fortuna pfeife, je nachdem, welches Loch gedrückt werde. Und weil in dieser Weise Horatio vertrauenswürdig ist, zieht er ihn ins Vertrauen. Er weiht ihn in den Plan ein, den König mit dem Stück zu testen. Damit wird natürlich auch dem Publikum noch einmal klargemacht, worum es hier geht und worauf in jedem Fall zu achten ist. »Beobachte meinen Onkel«, bittet er Horatio, »wenn er nicht reagiert, so ist es ein Dämon, den wir gesehen haben«, und auch der wird jetzt getestet.

Und damit tritt nun der ganze Hofstaat auf. König und Königin kommen in froher Erwartung zu der Vorführung. Sie glauben, Hamlet werde sich nun höfischen Vergnügungen überlassen, hegen also keinen Verdacht gegen Hamlets wirkliche Absicht. Als nächste tritt Ophelia auf, die von Hamlets verrücktem Verhalten erschreckt ist. Sie erlegt sich aber höchste Zurückhaltung auf und ist bereit, Hamlets Wahnsinn geduldig zu ertragen. Für das reale Publikum erscheint Hamlet gefaßt und gesammelt. Er muß es auch sein, denn er ist der Regisseur des Abends. Vielleicht hat er sogar Lampenfieber.

Als nun der Hofstaat erscheint, brechen Hamlet und Horatio schnell ihre geheime Konferenz ab. Horatio stellt sich in die Nähe des Sitzes von Ophelia, Hamlet bleibt in der Mitte der Szene stehen, um als Gastgeber des Abends den König und die Königin zu empfangen. Zunächst erscheinen die beiden an der Spitze des Zuges mit Polonius und weiteren Höflingen. Claudius erkundigt sich höflich nach dem Befinden des Sohnes, aber die Antworten sind sowohl gegen den König als auch gegen Polonius gerichtet. »How fares our cousin Hamlet?« *Fare* heißt auch *Essen*, und deswegen sagt Hamlet: »Ich esse die Luft, wie das Chamäleon.« *Luft, air* enthält aber ein Wortspiel auf *heir, Erbe*, das ihm vorenthalten wurde. »Man kann Kapaune so nicht mästen«, sagt er, und als Kapaun mag auch er sich fühlen, weil ihm sein Recht als Thronfolger vorenthalten wurde. Gegenüber Polonius ist er nicht minder brutal, wenn er auf dessen Bemerkung, daß er in seinen Studententagen den Caesar gegeben hat, der auf dem Kapitol ermordet wurde, antwortet: »Es war ein Kapitalverbrechen, so ein kapitales Kalb umzubringen.«

Währenddessen arrangieren sich die Höflinge in zwei Gruppen. Dabei flankieren sie das Zentrum der Hinterbühne, so daß für das wirkliche Publikum Raum genug bleibt, um den Mord an Gonzago zu sehen. Claudius, Polonius, Rosencrantz und Guildenstern nehmen vorne Platz, so daß das reale Publikum auch ihre Reaktionen genau sehen kann. Ihnen gegenüber auf der anderen Seite ist die Gruppe um Ophelia, zu ihren Füßen Hamlet und irgendwo in der Nähe Horatio.

Auf diese Weise wird das drameninterne Publikum in zwei Lager gespalten, die einander konfrontieren. Einen kurzen Moment, bevor das Stück beginnt, steht Hamlet mitten zwischen ihnen. Deswegen kann seine Mutter sagen: »Come hither, my good Hamlet. Sit by me!« Sie freut sich an seinem Interesse an dem Stück. Sie will ihn beruhigen. Aber Hamlet muß auf die andere Seite, denn nur von dort aus kann er den König sehen. Als Entschuldigung gilt ihm der Hinweis auf Ophelia: »Here is metal more attractive.« Das Metall Ophelias zieht ihn an wie eine Kompaßnadel. Das ist wieder Futter für Polonius: »Oho, do you mark that?« Ophelia hat Anweisungen, Hamlets Verrücktheiten geduldig zu ertragen. Wenn Hamlet sagt: »Look you, how cheerfully my mother looks«, werden sich nicht nur die Augen Ophelias, sondern die Augen des gesamten Publikums auf die Königsgruppe richten.

Warum ist das nötig? Nun, um ganz deutlich zu machen, daß sie während der Zeit, wo die *dumb show* schon die ganze Handlung des Stückes verrät, diese gar nicht beobachtet. Wenn Hamlet sagt, daß sie so fröhlich aussieht, obwohl ihr Mann doch erst zwei Stunden tot sei, wird sie sich von ihm abwenden und so tun, als ob sie die Bemerkung nicht gehört habe. Was das Publikum sieht, ist, wie die drei die Köpfe zusammenstecken und sich unterhalten. Dabei blicken sie hin und wieder zu Hamlet hin. Während das geschieht, tritt die *dumb show* auf, und hier wandelt sich Hamlets Ängstlichkeit zu Konsternation: Denn eben diese Pantomime hatte er abgelehnt.

Sie war ein zur Zeit Elisabeths noch gebräuchliches, aber schon unmodern wirkendes Mittel, um die Exposition einer Geschichte zu entfalten. Und den ganzen plot vorweg darzustellen. Hamlet wird ständig ängstlich zwischen der dumb show und dem König hin- und herblicken. Dabei wird er enorm erleichtert sein, daß der König sie gar nicht bemerkt. Aber natürlich ist er erbittert darüber, daß der Schauspieler seine Anweisungen mißachtet. Dieser Ärger macht sich in den Bemerkungen gegenüber Ophelia Luft. Die sieht ihre Rolle natürlich darin, Hamlet zu beruhigen.

Und erneut wird Hamlets Befürchtung geweckt, als der *presenter* auftaucht. Der ist noch gefährlicher als die dumb show. Denn die *presenter* waren so etwas wie Bänkelsänger, die mit Hilfe der dumb show die Geschichte erzählen. Deutlich gesprochene Worte aber lassen sich schwer ignorieren. Deswegen sagt Hamlet: »The players cannot keep counsel, they kill all.« Sie können einfach nicht ruhig sein, sie posaunen alles aus. Aber wieder waren Hamlets Befürchtungen umsonst, denn der gefürchtete *presenter* entpuppt sich als Prolog. Deshalb sagt er mit enormer Erleichterung: »Der Prolog ist so kurz wie das Motto eines Rings.« Das reale Publikum muß Hamlets Ängstlichkeit teilen. Es ist ja in Hamlets Plan eingeweiht und weiß, was er vorhat. Es wird gespannt sein, ob die Mausefalle tatsächlich zuschnappt.

Das Stück im Stück beginnt nun ungefähr mit 70 Zeilen Dialog zwischen dem *Player King* und der *Player Queen* über das Thema der Witwenschaft und der zweiten Ehe. Der Stil ist archaisch, um ihn vom Rest des

Hamlet abzusetzen. Der Inhalt ist einigermaßen gemeinplätzig. Das gibt so etwas wie einen *dramatic relief.* Darüber kann die Spannung hinsichtlich des Auftritts des Mörders aufgebaut werden. Die Langatmigkeit des Interludes erhöht also die Spannung. Sein Anfang ist ohne jegliches Interesse des Königs oder der Königin. Aber das ändert sich plötzlich, wenn die Königin über *second love* und *second husband* redet. Dann kommt die ominöse Zeile »*None with the second but to kill the first*«, niemand soll einen zweiten Partner heiraten, wenn er nicht den ersten umgebracht hat. Das muß beider Aufmerksamkeit erregen. Deswegen sagt Hamlet: »Wormwood, wormwood«, also Wermut auf die Wunde. Dann läßt die Spannung wieder nach. Die Aussagen des Player King haben die Allgemeinheit von Spruchweisheiten, bis es in den letzten Zeilen wieder ganz konkret wird. Die Player Queen beteuert, daß niemand einen zweiten Ehemann nehmen wird.

Wenn Hamlet nun Gertrude fragt, wie ihr das Stück gefällt, wird er damit massiv. Die Königin ist enormem Druck ausgesetzt. Gleichzeitig ist die Aufmerksamkeit von Claudius erregt. Aber sie wird in die falsche Richtung gelenkt, in Richtung des Themas der Zweitehe. Er fürchtet, daß da vielleicht etwas Anstößiges drin ist, und seine Aufmerksamkeit muß ja erregt werden, denn er muß dazu gebracht werden, das Stück genau zu betrachten. Die Mausefalle muß mit einem Köder versehen werden, der den König den eigentlichen Zweck vergessen läßt. Das plötzliche Reden von Gift muß ihn dann allerdings aufschrecken. Dann wird er wieder beruhigt. Alles das ist ja nur im übertragenen Sinne gemeint. Außerdem spielt das ganze Stück in Wien.

Überhaupt ist es ein schurkisches Stück, also ein schlechtes Stück. Ein Stück über Schurken. »Aber was geht's uns an«, sagt Hamlet, »laßt die durchgerittene Mähre zurückzucken«, sagt er. »Unser Widerrist (dort, wo der Sattel aufliegt) ist nicht durchgescheuert.« Und dann kündigt er laut, für alle hörbar, als der erste Schauspieler erscheint: »Dies ist ein gewisser Lucianus, Neffe des Königs.«

Für die Höflinge muß es immer deutlicher werden, daß Hamlet irgend etwas mit dem Stück im Schilde führt. Denn das Gerede von zweiten Ehen hat den ganzen Hof aufmerksam gemacht. Natürlich hat man sich bei Hofe schon über das verrückte Benehmen Hamlets Gedanken gemacht. Jetzt wird es deutlich: Er führt etwas im Schilde. Wenn hier jemand als Neffe angekündigt wird, wird er von dem drameninternen Publikum mit Hamlet in Beziehung gesetzt.

Dabei darf man nicht vergessen, was wir auf der Bühne sehen: In der Mitte der Hinterbühne liegt der schlafende König aus dem Gonzago-Stück. Lucianus tritt auf, und aus der dumb show kann man erschließen, was er tut. Er geht zu dem schlafenden König, nimmt ihm die Krone vom Kopf, küßt sie, setzt sie sich selber auf den Kopf und mimt nun den konventionellen Mörder aus dem Rachedrama. Er stelzt in der Manier eines heutigen Catcher-Bösewichts über die Bühne, grinst verzerrt und schwenkt die Phiole mit Gift, die er gleich dem König ins Ohr gießen wird. Er übertreibt wie ein Schmierenkomödiant. Das erhöht die Aufmerksamkeit noch mal für das reale Publikum und für das drameninterne Publikum. Das reale Publikum muß nun befürchten, daß die Mousetrap ruiniert wird.

In dieser Situation schreit Hamlet: »Begin, murderer, leave thy damnable faces and begin!« Und dann gibt er ihm ein typisches Stichwort aus einem alten Chronikstück über Richard III. »Come, the croaking raven doth bellow for revenge!« Revenge ist das Stichwort für den ganzen Hof. Möglicherweise reißt sich Lucianus noch mal zusammen und erinnert sich an das, was Hamlet gesagt hat. Vielleicht ändert er auch seinen Schauspielstil. Er spricht nämlich jetzt Hamlets Zeilen so, wie er es eigentlich soll. Endlich hören wir Hamlets Text. Hamlet spricht also durch den Mund eines Schauspielers. Er selbst ist unsichtbar, und er spricht einen Text über Unsichtbarkeit. »Thoughts black, hands apt, drugs fixed and time agreen, confederate season else no creatures seen.« Das ist die Situation, in der der Mörder das Gift in das Ohr des schlafenden Königs gießt. Aber der Mörder, das ist Claudius. Hamlets Text ist Claudius' Text.

Wenn Claudius den Schauspieler beobachtet, beobachtet er plötzlich sich selbst. Hamlet, der aus dem Schauspieler spricht, ist ein Spiegel geworden. Wie ein Spiegel ist er selbst unsichtbar und zeigt nur das Bild des Beobachters. Das ist diese Unsichtbarkeit, die sichtbar macht, die die Elisabethaner am Spiegel fasziniert. Denn der Spiegel, das ist die zentrale Metapher der Elisabethaner für Kunst.

Das Kunstprogramm haben wir vorher in der Anweisung Hamlets an den Schauspieler gehört. »To hold the mirror up to nature« – der Natur den Spiegel vorhalten, das ist weiße Magie. So sieht sich Claudius plötzlich im Spiegel. Der Anblick überwältigt ihn. Er springt auf, ruft »Licht! Licht!« und stürzt aus dem Saal.

Nun ist klar, warum die Angehörigen des Hofstaats sich nicht auf Hamlets Seite stellen. Sie haben ja etwas anderes gesehen als Claudius. Sie sehen keinen Brudermord, sondern ein Stück, in dem der in der Thronfolge übergangene Neffe seinen königlichen Onkel ermordet. Für sie ist der Schauspieler Lucianus nicht Claudius, sondern Hamlet. Und Claudius ist das Opfer. Täter und Opfer wechseln also hier die Positionen. Einmal ist das Opfer der alte Hamlet, in der anderen Optik ist es Claudius. Auch darin wird Claudius also der Nachfolger seines Bruders. Entsprechend sieht der Hofstaat Claudius' Aufbruch nicht als Ausdruck seiner Schuld, sondern als gerechtfertigte Empörung über eine unverhüllte Drohung. Der Schauspieler Lucianus ist also ein Spiegel, der zwei verschiedene Figuren zeigt. Welche man sieht, hängt davon ab, wo man steht.

Mit dieser Szene und nie vorher wurde das in so komplexer Weise gezeigt – führt das Drama die Wirkung des Dramas vor Augen. Die Figuren auf der Bühne beobachten sich dabei, wie sie sich wechselseitig beobachten, während sie alle zusammen ein Stück beobachten. Das ist dann der Spiegel für den Zuschauer. Denn auch wir als Zuschauer beobachten ein Stück. Und was sehen wir? Wir sehen, daß alle Figuren etwas Verschiedenes beobachten. Zugleich sehen wir auch, daß sie das nicht beobachten können, weil sich eine Beobachtung nicht selbst beobachten kann. So können wir sehen, was Claudius nicht sehen kann, nämlich daß das, was er auf der Bühne sieht, also wie ein schlafender König durch das Ohr vergiftet wird, im selben Moment auch ihm passiert. Lucianus' Text, Hamlets Text und sein Text ist Gift für seine Ohren. Der Text mordet den Schlaf des

Königs, so wie er einen schlafenden König ermordet hat. Damit wird ihm die Wirkung einer Beobachtung vor Augen geführt, und wir können erkennen, daß er sie nicht erkennen kann. Wenn wir das sehen, sehen wir die Wirkung des Theaters. Sie entspricht der Wirkung des Spiegels. Sie besteht aus der Doppelung von Sichtbarkeit und Unsichtbarkeit. Den Spiegel selbst können wir nicht sehen, sondern nur das, was in ihm erscheint. Und zugleich können wir sehen, daß das vom Standpunkt abhängt.

Daran zeigt sich die plötzliche Blüte des Renaissance-Dramas als eine neue kulturelle Erfahrung. Beobachtungen werden beobachtbar. Das ist der Aufbruch in der Moderne, das Sein enthüllt sich nicht mehr von selbst in der Ontologie, in unmittelbarer Evidenz; was wir sehen, ist vielmehr abhängig von einer standortgebundenen Optik. Das Modell hierfür ist der Spiegel. Zugleich ist er auch das Modell für die menschliche Seele. Denn er kann eine zentrale Paradoxie des Wahrnehmungsvermögens verständlich machen, nämlich daß die Seele sich immer selbst gleich bleibt und doch in der Lage ist, die wechselnden Erscheinungen zu registrieren. Wie Spiegelglas ist die Seele so unsichtbar wie die Himmelssphären, die aus Kristall bestehen. Da ja auch das Theater als Spiegel gedacht wird, ergibt sich eine Dreifach-Parallele zwischen menschlicher Seele, dem Theater und dem Kosmos. Das begründet das Motto, das wir auf dem Globe-Theater lesen können: *All the world's a stage.* Die ganze Welt ist eine Bühne.

Auch der von Hamlet in das Stück eingebaute Text ist ein Spiegel. In ihm macht sich Hamlet unsichtbar, um Claudius darin sichtbar werden zu lassen. Darin ist er, wie Ophelia über ihn sagt, *the observed of all observers.* Er wird von allen Beobachtern beobachtet, aber sie sehen ihn nicht. Er hat sich verstellt und maskiert wie ein Spiegel. Er ist das, was von dem ursprünglichen Narren gesagt wurde: ein Eulenspiegel. Darin ist die Figur Hamlets selbst ein Modell des Theaters. Das Theater zu beobachten bedeutet deshalb, das Unsichtbare zu beobachten. Eine Paradoxie, denn was sieht man, wenn man in einen Spiegel blickt? Einen Beobachter, von dem man nicht weiß, ob er in den Spiegel hineinblickt oder aus ihm heraus. Indem er die Dualität zu einer Einheit verbindet, wirkt der Spiegel wie die Veranschaulichung eines paradoxen Rätsels.

Das ist der Grund für die Ästhetik der Verdoppelung, die wir bei Shakespeare so häufig finden. Er schwelgt geradezu in Spiegelbildern. Jede Welt hat ihre gespiegelte Gegenwelt. Die himmlische Hierarchie spiegelt sich in der höllischen Hierarchie der Dämonen, die geistige Welt in der materiellen und die ewige in der irdischen. Das Reich der Tiere ist ein Spiegel der Gesellschaft, der menschliche Körper ein Spiegel des Staates usw. Die Grenzen all dieser Spiegelungen kreuzen sich im Menschen. Er ist der Mikrokosmos dieses Makrokosmos. Der Spiegel wird so zum Weltmodell. Mit ihm kann man, je nach Bedarf, die Einheit der Dualität oder die Gespaltenheit des Einen betonen. Die Analogie der Seinsstufen oder die illusionäre Wesenlosigkeit des Spiegelbildes: Das Weltmodell der Elisabethaner war theatralisch. Das Theater setzte diese Verdoppelung der Welt fort. Auf der Bühne werden die Schauspieler zu unseren Zwillingen. Ein Theater, das die Welt bedeutet, kann seine eigene Grenze zur Welt in sich noch einmal reproduzieren. Das Spiel im Spiel zeigt erst, was das Theater ist. In der internen Selbstverdoppelung betreibt das Theater Reflexion. Und Reflexion ist ja selbst eine Spiegelung. Von da aus eröffnet sich der Abgrund unendlicher Reflexion als Spiegelung des menschlichen Innen.

Das ist das, was die Romantiker an Shakespeare interessiert. Im Spiegel erscheint die Kopie dem Original so ähnlich, daß er sich selbst als Kopie der Kopie vorkommen mag. Damit sieht er sich dem Sog eines Abgrundes ausgesetzt. Jeder Mensch hat ein Bild von sich selbst, das ein Bild von sich selbst enthält etc. Da es nicht gelingt, sich mit diesem Bild seiner selbst zusammenzuschließen, wird der Spiegel zum Bild der Entfremdung. Die Figur, die uns aus dem Spiegel anblickt, ist ein Betrachter, der uns das Subjekt zum Objekt macht. Wir sind es, und wir sind es nicht. Das Rätsel, das uns der Spiegel zeigt, besteht letzten Endes darin, daß eine Beobachtung sich selbst nicht beobachten kann. Denn eine Beobachtung zu beobachten heißt, ihre Begrenztheit zu beobachten, und das heißt: das Terrain zu beiden Seiten dieser Grenze. Das aber kann eine Beobachtung an sich selbst nicht vollziehen, es sei denn, sie verschöbe ihre Grenze, und dann wäre sie nicht mehr das, was beobachtet wird. Deshalb ist Beobachtung der Beobachtung nur als Beobachtung fremder Beobachtung möglich. Dieses Rätsel wird im Theater vorgeführt. Es gibt wohl keine Szene des Welttheaters, in der das auf komplexere Weise geschieht als in der Mouse-Trap-Scene des *Hamlet*.

Diese Szene ist zweifellos der Wendepunkt der Geschichte, die sog. Peripetie. Das Testen ist vorbei, der

König weiß, daß Hamlet über seine Mordtat Bescheid weiß, und Hamlet weiß, daß er der Mörder ist. Jetzt müßte Hamlet handeln. Sonst wird der König eher handeln als er. Die Frage erhebt sich, warum Hamlet nicht sofort zur Tat schreitet und den König umbringt. Aber erst Goethe hat dies als Hauptproblem der Hamlet-Kritik gesehen. Er hat eine Interpretation vorgelegt, nach der Hamlet wie ein Romantiker durch Reflexionsüberlastung unfähig gemacht werde zu handeln. Ein philosophischer Geist, der durch sein Schicksal überlastet werde. Seitdem haben viele Kritiker sich an dieser Vorgabe orientiert. Sie ist in dieser Absolutheit sicher abwegig. Bis zur Peripetie an dieser Stelle kann nicht davon die Rede sein, daß Hamlet nicht handelt. Schließlich mußte er den Geist erst testen. Er war sozusagen hin- und hergerissen zwischen kognitiver Skepsis und seiner empfindlichen Ehrauffassung. Beides verbreitet sich in der Renaissance und setzt die Menschen unter Spannung.

Aber nach der Peripetie wird die Frage Goethes wirklich zum Problem. Wir kennen die berühmte Deutung Freuds und die Interpretation des Freud-Schülers Ernest Jones. Hamlet zögert zur Rache zu schreiten, weil er einen unbewußten Ödipus-Komplex habe. Der besteht darin, daß er seinen Onkel Claudius das tun sieht, was er auch selbst tun möchte: nämlich seinen Vater umbringen und seine Mutter heiraten. Er habe deswegen einen unbewußten Widerstand dagegen, Claudius umzubringen. Doch bevor wir uns solch kühnen Thesen zuwenden, sehen wir zu, was weiter geschieht.

Nachdem der Hofstaat in wilder Konfusion aufgebrochen ist, bleibt Hamlet mit Horatio allein. Er ist exaltierter Stimmung. Er triumphiert, und fast hysterisch wirft er sich in den Stuhl des Königs und singt eine Balladenstrophe. »Laßt das verwundete Wild weinen gehen«, sagt er mit Bezug auf den König, »und das unverwundete zum Spiel. Einige müssen wachen, während andere schlafen, und so rennt die Welt davon« (bezogen auf den Hofstaat). Hamlet freut sich über den gelungenen Streich. Sein Theaterspiel hat funktioniert. Er sieht sich als Theatermanager. »Würde nicht dies und ein Wald von Federn«, sagt er, »zusammen mit ein paar Rosetten auf meinen Schuhen mir die Partnerschaft in einer Theaterkompanie einbringen?« Die Federn beziehen sich darauf, daß die Tragöden der Zeit häufig mit federgeschmückten Kostümen auf die Bühne traten. Horatio bestätigt das: »Einen halben Anteil.« Hamlet sagt: »Sogar einen ganzen.« Und dann zitiert er wieder eine Balladenstrophe: »Denn du weißt, o lieber Damon, das Königreich wurde seines richtigen Königs, nämlich Jupiters, beraubt, und nun regiert hier –« und er unterbricht, das Reimwort wäre *»ass«*– aber Hamlet ersetzt es durch »Pfau«. Nach dem Bestiarium der Zeit repräsentiert der Pfau die Wollust und die Eitelkeit. Horatio erkennt den Austausch der Reimwörter. »Ihr hättet reimen können«, sagt er. »Auf *was* hätte sich *ass*, der Esel, gereimt.«

Als nun die informellen Mitarbeiter, Rosencrantz und Guildenstern, wieder auftreten, wird deutlich, daß die Stimmung sich geändert hat. Zunächst hatten sie ja Hamlet noch als Freunde behandelt. Jetzt ist es klar, daß sie im Auftrag des Königs agieren. Sie gehören zur Gegenpartei. Sie vermelden, der König sei ungehalten, aber Hamlet mißversteht den Begriff *distempered* bewußt als *indisponiert*. Und so fragt er zum Schein, ob er betrunken sei. Dann sollten sie doch eher seinem Arzt Bescheid sagen. Denn der könne ihn ja zur Ader lassen. Die Gedankenverbindung liegt nahe, daß er selbst sich schon als Doktor des Königs sieht. Guildenstern läßt darauf alle Höflichkeit fahren und bittet ihn rundheraus, er solle sich doch – bitte schön – einigermaßen ordentlich ausdrücken und nicht in völlig falsche Richtung ablenken. Hamlet dagegen behält den ironischen Ton bei. Als Guildenstern ihm vermeldet, seine Mutter habe nach ihm geschickt, behandelt er ihn wie einen Botschafter, der von weither kommt. Guildenstern wird nun wirklich unwirsch und verbittet sich diese Ironisierung. »Entweder Ihr werdet jetzt vernünftig, oder ich gehe zu Eurer Mutter zurück.« Vielleicht geht er tatsächlich, denn von nun an übernimmt Rosencrantz die Unterhaltung. Hamlet tut nun so, als wolle er sich Mühe geben. Zwar sei er verrückt, sagt er, aber das, was er tun kann, um vernünftig zu reden, will er tun. Er bittet ihn also, ihm die Botschaft seiner Mutter zu übermitteln. Als er erfährt, daß seine Mutter verwirrt und verwundert sei, erregt das seine ironische Freude. Und dann wird er persönlicher, aber auch bedrohlicher. Rosencrantz erinnert ihn daran, daß sie ja einmal gute Freunde waren. Hamlet sagt: »Ich bin es noch, by these pickers and stealers.« Das bezieht sich auf seine Hände, denn der Katechismus sagt, man solle seine Hände daran hindern, *to pick up to steal*. Vielleicht erhebt er seine Hände, um die Pantomime eines Würgegriffes nachzumachen. Rosencrantz repliziert mit der Drohung, daß man ihn vielleicht als Verrückten einsperren würde, wenn er nicht sage, was mit ihm los sei. Und dann sagt Hamlet wieder rundheraus, es fehle ihm an Beförderung. Er geht also wieder auf das Thema der *ambition* zurück. Der Erwiderung, er sei doch der Erbe und Thronfolger, antwortet er mit dem ersten Teil eines Sprichworts, das man ergänzen muß: *while the grass grows, the stead starves – während das Gras wächst, verhungert das Pferd.* Und nun kommen die Schauspieler mit den Musikinstrumenten. Hamlet nimmt eine Flöte und wendet sich nun an Guildenstern mit einer Jagd-Metapher. »Pirschst du dich aus der Windrichtung an, um mich in eine Falle zu treiben?« Guildenstern antwortet – wahrscheinlich stotternd – mit einem unehrlichen Gemeinplatz: »Wenn mein Benehmen etwas impulsiv wirkt, erkläre es mit der Ungebremstheit meiner Zuneigung.« Hamlet tut so, als verstehe er nicht. Er hält ihm plötzlich die Flöte zum Spielen hin. Guildenstern aber kann keine Flöte spielen. Hamlet sagt, es sei ganz leicht. Er zeigt ihm, wie er's macht: Man braucht nur die Finger und den Daumen auf die Löcher zu legen und vorne reinzublasen. Aber Guildenstern sagt, er wisse nicht, in welcher Sequenz man das mache. Und dies nimmt nun Hamlet zum Anlaß, sich selbst mit der Flöte zu vergleichen. Er ist ein kompliziertes Musikinstrument. Deshalb tadelt er Guildenstern dafür, daß sie auf seiner Psychologie, auf seiner komplizierten Persönlichkeit herumspielen wollen wie auf einer Flöte! Obwohl sie noch nicht einmal dieses so viel weniger komplexe Instrument beherrschen. Um wieviel weniger wären sie dann in der Lage, ihn zu spielen! »Was immer ich für ein Instrument bin«, sagt er, »Ihr könnt mich ärgern und mich befingern, aber spielen könnt Ihr nicht auf mir!«

Dem Gesetz der Verdoppelung nach tritt nun auch noch Polonius auf mit der Botschaft, die wir gerade von Rosencrantz und Guildenstern gehört haben, nämlich daß er seine Mutter besuchen soll. Und dann kommt einer der berühmten kleinen Auftritte aus dem Stück. Hamlet führt Polonius vor, wie Polonius ihn, Hamlet, als Verrückten behandelt. Er spielt den Verrückten, und Polonius redet ihm nach dem Munde. Hamlet zeigt auf eine Wolke. »Seht Ihr diese Wolke in der Gestalt eines Kamels?« »Tatsächlich, wie ein Kamel«, sagt Polonius. Dann sagt Hamlet plötzlich was anderes: »Mir scheint, sie sieht aus wie ein Wiesel.« Wieder folgt ihm Polonius: »Es hat einen Rücken wie ein Wiesel.« »Oder wie ein Wal?« Wieder stimmt Polonius zu: »Very like a whale.« Polonius wird zum Echo.

Er führt vor, wie die Könige behandelt werden: Man gibt ihnen immer recht, wie einem Verrückten. Zugleich führt er die Relativität der Optik vor: Was man sieht, hängt ab vom Betrachter. Der eine sieht ein Kamel, der andere ein Wiesel und der dritte einen Wal. Was aber Polonius nicht sieht, ist, was Hamlet hier treibt. Als Polonius abgetreten ist, zeigt Hamlet, daß ihm bewußt ist: Jetzt kommt die Stunde der Entscheidung. Es ist nah an Mitternacht, wenn »die Friedhöfe gähnen und die Hölle die Welt mit der Ansteckung behaucht.« Jetzt ist er in der Stimmung, heißes Blut zu trinken. Aber vorher muß er zu seiner Mutter. Und sie muß er schonen. Er will nicht Neros Seele, der seine Mutter umbrachte, seine Brust bewohnen lassen. Er will nur Degen sprechen lassen, aber nicht benutzen. Und wie sehr er sie auch immer tadeln mag, er will diese Worte nicht durch Taten besiegeln.

Akt III, Szene III

Die dritte Szene des dritten Aktes bringt normalerweise den Umschlag der Handlung. Wir sehen, daß es nicht Hamlet ist, der handelt, sondern der König. Er wird sofort durch seine Schreiber einen Auftrag aufsetzen lassen, mit dem er Rosencrantz und Guildenstern zusammen mit Hamlet nach England schicken wird. Rosencrantz und Guildenstern bestätigen diesen Entschluß mit allgemeinen Sentenzen über den Zusammenhang zwischen dem Wohl des Staates und dem Leben des Königs. Dabei bemühen sie wieder die Parallele zwischen Staat und Körper. Der Tod der Majestät bedeutet den Tod von vielen anderen.

Und dann erscheint wieder Polonius. Er meldet eilig, daß Hamlet tatsächlich unterwegs zu seiner Mutter sei. Er will sich verstecken, um das Interview zu belauschen. Denn einer Mutter darf man keine Objektivität ihrem Sohn gegenüber zutrauen. Und dann bleibt der König allein.

Wir hören jetzt das erste detaillierte Schuldbekenntnis von Claudius. Seine Sünde stinkt gen Himmel. Er hat den ältesten Fluch auf sich geladen, den es gibt, nämlich den Fluch Kains, den Brudermord. Er versucht zu beten und sinkt auf die Knie. Aber er kann nicht beten, denn die noch stärkere Schuld hält ihn davon ab. Und so steht er zwischen dem Willen zu beten und seiner Schuld wie der buridanische Esel, gelähmt. Und dann überlegt er, daß doch eigentlich erst die Sünde die Gnade herausfordere. So ist die Funktion des Gebets doppelt: Sie hindert ihn daran, zu fallen, oder sie bittet um Gnade, nachdem man gefallen ist.

Und so könnte nun eigentlich Claudius auch um Gnade bitten, aber, so überlegt er, das geht nicht, solange er im Besitz der Früchte seiner Sünde bleibt. Das sind seine Krone, sein Ehrgeiz und seine Königin. Im korrumpierten Lauf der Welt mag das angehen. Da kann man sich an der Gerechtigkeit vorbeimogeln. Aber im Jenseits geht das nicht. Dort wird die Anklage offen ausgebreitet, und dort muß man in vollem Angesicht seiner Sünden Zeugnis ablegen. Zwar vermag die Reue alles, aber was passiert, wenn man nicht bereuen kann? Und so beklagt er seine »geleimte« Seele, die wie ein Vogel am Leim festklebt und im Versuch, sich zu befreien, sich nur noch tiefer hineinarbeitet. Er ruft die Engel um Hilfe und beugt das Knie zum Gebet.

Im selben Moment tritt Hamlet auf. Die Spannung wird nun aufs höchste gesteigert. Der König kehrt Hamlet den Rücken zu, er ist ins Gebet versunken. Das Publikum mag nun erwarten, daß Hamlet zusticht. Und in der Tat hat er genau das vor. Er steht mit gezogenem Schwert über dem König. Aber als er die Tat ausführen will, wird er plötzlich gestoppt von dem Gedanken, daß er nun, da Claudius um Vergebung bittet und betet, ihn gen Himmel schicken wird. Wir haben diese Szene schon einmal geschildert bekommen. Es ist die Situation, wie der rasende Pyrrhus in der Rede des ersten Schauspielers über dem entnervten Priamus steht und sein Schwert erhebt. Und dann hält er inne. *As a painted tyrant* – wie ein gemalter Tyrann. Hamlet ist jetzt der *painted tyrant*. Was ihn arretiert, ist die Tatsache, daß die Rache genau so aussehen muß wie der erste Mord. Sie muß als Kopie des Mordes vollzogen werden. Deshalb ist es wichtig, daß man sich klarmacht, wie sein Vater ermordet wurde, nämlich mit allen Sünden auf seinem Haupt. Der Mörder muß einen ebenso schrecklichen Tod erleiden wie der Ermordete. Ein Schurke schickt seinen Vater zur Hölle, und sein einziger Sohn schickt diesen Schurken dann in den Himmel. Das wäre Belohnung und nicht Rache. So denkt Hamlet. Deshalb steckt er sein Schwert wieder ein, um auf einen Moment zu warten, in dem er Claudius in der vollen Blüte seiner Sünden erwischen kann, um ihn damit eben zur Hölle zu schicken.

Die Szene ist nun voller dramatischer Ironie. Wir wissen ja, daß der König nicht beten kann. Das wird am Ende noch mal durch den Zweizeiler bestätigt. Nur seine Worte fliegen gen Himmel, aber seine Gedanken bleiben hier unten. Jetzt ist es Hamlet, der falsch beobachtet. Und wir sehen das. Er läßt sich durch den Schein täuschen. Er glaubt, in der Devotion des Königs eine echte *ars moriendi* zu sehen. Wenn man schon in der Todesstunde nicht mehr schauspielern kann, so kann man doch die Todesstunde schauspielern.

Die Szene wird noch interessanter, wenn man bei der Inszenierung durch die Regie folgendes hinzufügt: Claudius hat sich ja zum Beten hingekniet. Dazu nimmt er seinen Degen ab und legt ihn neben oder hinter sich. Als Hamlet auftritt, greift er sich diesen Degen, um mit ihm Claudius zu ermorden. Als er es sich anders überlegt, steckt er den Degen ein und nimmt ihn mit. Als Claudius sich erhebt, sieht er, daß der Degen weg ist. Das macht die Szene umso dramatischer. Denn jetzt weiß er oder ahnt er, daß Hamlet ihn hat umbringen können, es aber nicht getan hat.

Akt III, Szene IV

Die folgende Szene ist die große Szene der Königin Gertrude. Sie ist zugleich die freudianischste aller Szenen im *Hamlet*: die Konfrontation zwischen Sohn und Mutter. Gertrude wird es vielleicht nicht ungern sehen, daß Polonius sie beide belauscht, denn das Verhalten Hamlets hat gezeigt, daß er mörderisch gefährlich werden kann. Auf jeden Fall hat sie gern jemand dabei, der sie beschützt, und so versteckt sich Polonius hinter dem Wandschirm. Dann tritt Hamlet auf.

Er ist aufgeregt, scheint völlig außer Rand und Band. Er äfft einfach die Sätze der Königin nach. »Hamlet, thou hast thy father much offended.« »Mother, you have my father much offended.« Er tut das, was Polonius vorher mit ihm getan hat. Gertrude fragt deshalb: »Hast du eigentlich vergessen, wer ich bin?« »Du bist deines Ehemanns Bruders Frau«, sagt er. »Und ich wollte, es wäre nicht so. Aber auch meine Mutter.« Das provoziert sie dazu, zu sagen: »Mit dir kann man nicht reden. Ich werde mich an die wenden, die mit dir umgehen können.« Hier wird Hamlet fast gewalttätig. Er faßt sie am Arm und zwingt sie, sich niederzusetzen. Die Königin muß befürchten, daß er ihr etwas antut. Er schleudert sie vielleicht sogar aufs Bett. Sie ist jedenfalls beunruhigt genug, um nach Hilfe zu schreien. Sie schaut sich dabei um.

Als Hamlet Polonius nach Hilfe schreien hört, vermutet er natürlich als erstes, daß der König hinter dem Wandschirm steckt. Er zieht seinen Degen, sticht durch den Wandschirm und tötet Polonius. Dabei tut er so, als bringe er eine Ratte um. »Ich wette einen Dukaten, daß es eine Ratte war!« ruft er. »Dead for a dukket, dead!« Für einen kurzen Moment glaubt er, er habe den König wirklich erwischt. »Die Tat ist fast so schlimm«, sagt er, »wie einen König umbringen.« Damit bezeichnet er gleichzeitig die Tat des Claudius und seine eigene. Es geht ihm um das Schema der Äquivalenz in der Rache, um Auge um Auge. Die Königin muß völlig erstaunt sein: »As kill a king?« ruft sie. Sie weiß ja, daß es nicht der König hinter dem Wandschirm ist. Sie hat keine Ahnung, worauf sich Hamlet beziehen könnte. Und dann zieht Hamlet den Wandschirm weg und entdeckt Polonius.

Die Kaltblütigkeit, mit der er auf den Tod des Polonius reagiert, zeigt eine Seite seines Wesens, die wir bisher noch nicht kannten. Ein paar ironische Bemerkungen, das ist alles, was ihm der tote Polonius wert ist. »Das kommt davon«, sagt er, »wenn man die Nase in Dinge steckt, die einen nichts angehen.« Von seinem Vorhaben, seiner Mutter einen Spiegel vorzuhalten, läßt er sich gar nicht ablenken. Der tote Polonius, der die ganze Zeit auf der Bühne liegt, scheint ihn nicht mehr zu stören. Wenn er nun seiner Mutter das Bild ihrer Sünden vor Augen führt, steigert er sich in eine enorme Aufgeregtheit hinein. Dabei legen die Antworten der Mutter nahe, daß sie vom Mord an ihrem Mann wirklich nichts weiß. Zweimal fragt sie nach, was sie denn getan habe. Aber Hamlet benennt die Tat nicht, sondern beschreibt sie. Sie verdunkelt die Grazie und das Erröten der Scham. Sie nennt Tugend einen Heuchler und ersetzt die Rose auf der Stirn einer unschuldigen Liebe durch eine Blase, durch die die Eheschwüre so falsch werden wie die Eide von Würfelspielern. Solch eine Tat, die aus dem Körper eines Kontraktes – gemeint ist der Ehekontrakt – die Seele herausreißt. Das Gesicht des Himmels glüht vor Ärger über dieser soliden, aus Elementen zusammengesetzten Masse der Erde, als ob das Jüngste Gericht gekommen wäre.

Dann nimmt Hamlet das Medaillon mit dem Porträt seines toten Vaters, das er um den Hals hängen hat, und vergleicht es mit dem Porträt, das die Königin in ihrem Medaillon trägt. »Look here, upon this picture and on this!« So kann er die beiden Brüder vergleichen. Der eine ist den Göttern ähnlich. Er hat die Locken des Sonnengottes, d. h. die Strahlen, Jupiters hohe Stirn, ein Auge wie Mars, zum Drohen und zum Gebieten. Und die Stellung des Götterboten, der gerade auf einem himmelsküssenden Hügel abgestiegen ist. Und nun der andere: wie eine mit Mehltau überzogene Ähre, die ihren Bruder verdorren läßt. Wie konnte Gertrude nur auf dieser Matte weiden und dann sich über dieses Moor hermachen? Liebe konnte es nicht sein, denn ihr Alter ist dazu zu fortgeschritten. Das Blut ist zahm und achtet auf das Urteil. Und welches Urteil hätte wohl diesen Übergang befürwortet? Ihre Sinne und Wahrnehmungsfähigkeit mußten wohl gelähmt gewesen sein. Welcher Teufel wohl mit ihr Blindekuh gespielt habe? Und so vermutet er, daß es wohl die reine Begierde gewesen sei.

Damit trifft er offenbar den Nerv der Königin. Sie bittet ihn aufzuhören. Sie kann den Blick in ihr Inneres nicht ertragen. Er aber steigert sich noch weiter, in einen Paroxysmus des Sexualekels: »Im stinkenden Schweiß eines schmierigen Bettes zu leben, gekocht in

Korruption, und honigsüße Liebesspiele über einem schmutzigen Schweinestall zu treiben! Und das mit einem Kerl, der das personifizierte Laster ist, ein Beutelschneider des Königreichs, der das kostbare Diadem der Krone aus einem Schrank gestohlen und sich in die Tasche gesteckt hat! Ein König, der sich ein Narrenkostüm anzieht!«*

Die Königin kann das Entsetzen, das sie angesichts dieser Anklagen ergreift, kaum ertragen. Die Wildheit von Hamlets Anklagen kann sie überwältigen und ihr den Verstand rauben. Das ist einer der Gründe, warum der Geist erscheint. Erstaunlich ist nun, daß nur Hamlet ihn sieht. Gertrude sieht nichts. Statt dessen sieht sie, daß Hamlet etwas sieht, das sie nicht sehen kann. Und sie muß denken: Er ist verrückt. Ist Hamlets intensive Beschreibung seines Vaters eine Art Geisterbeschwörung? Bedeutet Gertrudes Unfähigkeit, ihren Mann wiederzuerkennen als Geist, daß sie den moralischen Kontakt zu ihm verloren hat? Vielleicht spielt Shakespeare aber auch hier mit der Vorstellung von den zwei Körpern des Königs, dem unsterblichen des Amtes und dem sterblichen der privaten Person. Denn wir sehen hier nicht den alten Hamlet vom Anfang des Dramas in seiner Rüstung; es ist vielmehr der eheliche Hamlet des Schlafgemachs, er erscheint in einem Hauskleid. Hamlet beschreibt ihn als erbarmungswürdig. Der Geist leidet darunter, daß er nun ein für allemal von seiner Frau getrennt sein wird. Und dann stiehlt er sich hinweg.

* Zitiert in Anlehnung an Schlegel/Tieck.

Die Erscheinung des Geistes hat Hamlet ausgesprochen ernüchtert. Als Gertrude sagt, daß er an Halluzinationen leide, will er den Gegenbeweis antreten und fordert sie auf, seinen Puls zu fühlen, der ganz regelmäßig schlage. Er kann Wort für Wort wiederholen, was gesagt worden ist. Nein, sie solle nicht diesen schmeichelhaften Balsam auf die Seele legen, daß nicht ihre Sünde, sondern seine Verrücktheit gesprochen habe. Das würde nur das Geschwür mit einer Haut überziehen, während die Entzündung innen alles korrumpiert. Seine Gesammeltheit wird dadurch bestätigt, daß er in vernünftiger, fast seelsorgerischer Weise seine Mutter darum bittet, nun von der Sünde abzulassen. Dabei bittet er sogar um Vergebung dafür, daß die Tugend vom Laster die Erlaubnis erbittet, ihm gutzutun. Und der Mutter rät er, die Tugend zu spielen, wenn sie sie nicht schon besitze. Das Monstrum Gewohnheit, das uns sonst an das Übel gewöhnt, werde ein Engel darin, daß es auch den guten Handlungen eine Livree und einen Rock überzieht, die dann auch zum wirklich Guten führen können.

Und dann zeigt er sogar Reue wegen des Mordes an Polonius. Mit Bezug auf ihn fühlt sich Hamlet sowohl als *minister*, als Diener Gottes, der ihn benutzt, um Polonius zu strafen, als auch als *scourge*, als Gottes Geißel, der selbst für die Übeltaten bestraft werden muß, die er begeht. Hamlets Bestimmung ist es, Strafe zu sein und selbst bestraft zu werden.

Bevor er sich verabschiedet, beschwört er noch einmal die Bilder herauf, die das benennen, was er die Königin bittet zu unterlassen. Nämlich dem aufgeschwemmtem König zu erlauben, sie wieder ins Bett zu locken, sich von ihm in die Backen kneifen und seine Maus nennen zu lassen und um ein paar stinkender Küsse und des Getätschels im Nacken willen ihm die ganze Sache zu erzählen, nämlich daß Hamlet eigentlich nicht verrückt ist, sondern nur so tut. Denn wer außer einer schönen und weisen Königin würde vor einer Spinne, einer Fledermaus oder einem Kater solch wichtige Angelegenheiten verbergen? Spinne, Fledermaus und Kater waren Formen, die die succubi von Hexen annahmen. Die Königin ist für ihn eine Hexe, die es mit dem Teufel treibt. Und schließlich bezieht er sich auf eine berühmte folkloristische Geschichte, in der ein Affe einen Korb mit Vögeln oben auf das Hausdach schleppte und, als die Vögel aus dem Korb herausflogen, ebenfalls hineinkroch und dann meinte, er könne fliegen. Entsprechend, sagt er, trotz aller Vernunft und Diskretion, öffne den Korb oben auf dem Dach des Hauses, laß die Tauben fliegen, und, wie der berühmte Affe, kriech hinterher und spring dann aus dem Korb heraus, um zu versuchen, ob du auch fliegen kannst, um deinen eigenen Hals zu brechen. Mit anderen Worten: Er gibt ihr zu verstehen, daß wenn sie etwas von ihrer Unterredung ausplaudere, sie sich selbst gefährden würde.

Die Königin verspricht, nichts von ihrer Unterredung verlauten zu lassen. Für den Moment jedenfalls hat Hamlet sie auf seine Seite gezogen. Dann wird noch kurz besprochen, daß Hamlet nach England geschickt wird. Dieser Beschluß ist noch vor der Mouse-Trap-Szene gefällt worden. Es ist also ganz natürlich, daß Hamlet darüber informiert wurde. Und wie es bei solchen Missionen üblich war, sollten Rosencrantz und

Guildenstern vorweggeschickt werden. »To sweep the way« – um ihn in irgendein Desaster zu führen. Kaum kommt ihm der Gedanke, daß die beiden Böses im Schilde führen, plant er schon eine Gegenintrige und freut sich auf das Vergnügen, den Minenleger mit seinen eigenen Bomben in die Luft zu sprengen.

Hamlets Stimmung hat sich erneut verändert. Er hat sich wieder in Rage gegen den König geredet, er denkt an die Feinde, die ihn umstellen, und freut sich schon auf seine Gegenintrigen. Deshalb ist auch die respektvolle Haltung gegenüber der Leiche von Polonius wieder einer besonders zynischen Haltung gewichen. Und so schleppt er, wie er sagt, seine »Eingeweide« in das Nebenzimmer. Der Grabspruch, den er Polonius widmet, ist alles andere als respektvoll: »This counsellor is now most still, most secret and most grave, who was in life a foolish prating knave«, der, während er lebte, ein törichter Schwadroneur war.

Akt IV, Szene I

Im vierten Akt nimmt die Kürze, die Hast und die Frequenz der Szenen zu. Es ist immer noch Nacht. Die Konferenz des Königs mit Rosencrantz und Guildenstern wird von Gertrude unterbrochen. Sie hält sich an Hamlets Anweisungen und berichtet nichts von dem, was er ihr gesagt hat. Statt dessen verbreitet sie die These von Hamlets Verrücktheit. Verrückt wie die See und der Wind sei er, wenn beide miteinander kämpften. In solch einem Anfall hat er Polonius erschlagen. Der König durchschaut, daß ihm das gegolten hätte. Hamlet wird zu einer allgemeinen Bedrohung. Er macht sich Vorwürfe, daß er nicht schon vorher Hamlet festgesetzt hat. Man wird ihm den Mord zur Last legen, weil er dafür hätte sorgen sollen, daß sein verrückter Stiefsohn nicht frei herumläuft. Deshalb wird es nötig sein, die Tat zu erklären.

Wie immer in kritischen Momenten zeigt sich Claudius als kompetenter König. Er nimmt die Ermordung des Polonius sofort zum Anlaß, Hamlet außer Landes zu schaffen, um ihn dort in aller Ruhe umzubringen. Dann instruiert er Rosencrantz und Guildenstern: Sie sollen die Leiche des Polonius in die Kapelle bringen und Hamlet dabei ruhig und geschickt behandeln. Er selbst will den Rat seiner loyalen Freunde zusammenrufen, um sie zu unterrichten. Denn damit hofft er, daß die Verleumdung, deren Wispern sonst quer durch die Welt ihren vergifteten Pfeil ins Ziel bringt, so wie eine Kanone ihr Ziel erreicht, daß also die Verleumdung ihn diesmal verfehlen könnte und nur noch die unverwundbare Luft verletzen würde.

Akt IV, Szene II

Wir sehen nun, daß Rosencrantz und Guildenstern sich nicht mehr wie die Freunde Hamlets, sondern eher wie seine Wärter aufführen. »Sag uns, wo der Leichnam des Polonius ist!« befiehlt ihm Rosencrantz. So redet ein Lord nicht einen Königssohn an. Darauf muß Hamlet reagieren. Er nennt Rosencrantz einen Schwamm, womit man entweder einen Trunkenbold oder einen schmeichlerischen Sykophanten, also einen speichelleckerischen Höfling, bezeichnet. »Aber solche Diener«, fährt er fort, »dienen einem König am besten erst zuletzt. Er hält sie wie ein Affe in seiner Backentasche, saugt an ihnen und schluckt sie zuletzt herunter. Und wenn er alles hat, was sie aufgesogen haben, quetscht er sie wieder trocken.« Das ist eine deutliche Warnung.

Rosencrantz gibt vor, nicht zu verstehen, sondern fragt ihn nach dem Leichnam. Und Hamlet antwortet mit einem für ihn typischen Rätsel: »The body is with the King, but the King is not with the body.« Die Würde des Königs hängt nicht an seinem sterblichen Körper, aber zugleich ist der König auch sterblich. Im Book of Common Prayer heißt es: »Man is like a thing of nought – der Mensch ist ein nichtig Ding.« Und in Anspielung darauf sagt Hamlet: »The king is a thing of nothing.« Und dann spielt er mit ihnen *hide and seek* und rennt davon. Sie aber verfolgen ihn.

Akt IV, Szene III

Hier berät sich der König mit seinen *wisest friends*, wie er sie genannt hat. Später werden wir sehen, daß die Beratung ein politisch kluger Schachzug war. Sie hilft ihm, wenn es darum geht, dem Aufstand des Laertes entgegenzutreten. Jedenfalls muß er ihnen erklären, warum er Hamlet nicht stärker bestraft. Hier sehen wir, wie die politische Maschinerie arbeitet. Eigentlich wäre es jetzt an der Zeit gewesen, ein öffentliches Gerichtsverfahren zu veranstalten und Hamlet wegen Mordes an Polonius vor Gericht zu stellen. Aber eben das kann Claudius nicht, weil er dann Hamlet dazu provoziert hätte, den Grund für sein Benehmen öffentlich zu machen und ihn selbst des Mordes anzuklagen. Also schickt er ihn nach England. Aber das muß er eben jetzt rechtfertigen. Das tut er damit, daß er behauptet, Hamlet sei so beliebt, daß der unstete Mob, der ja sowieso immer nur mit den Augen und nicht mit dem Verstande urteilt, immer nur die Strafe und nicht das Verbrechen sieht. Deshalb muß es so aussehen, daß die Verschickung Hamlets nach England wie ein wohlerwogener Ratschluß und nicht etwa wie Panik aussieht.

Und dann treten Rosencrantz und später Guildenstern und Hamlet auf. »Wo ist Polonius?« fragt der König. »Beim Essen«, sagt Hamlet, »aber nicht, wo er ißt, sondern wo er gegessen wird. Eine Versammlung politischer Würmer ist gerade dabei.« *Diet* heißt *Mahlzeit*, aber auch *Ständeversammlung*, und daraus wird dann *diet of worms*, und das heißt soviel wie *die Mahlzeit der Würmer*, aber auch *der Reichstag zu Worms*. Und das bringt nun den römischen Kaiser ins Spiel. Im Hinblick auf beide ist der Wurm ein Kaiser. Wir ernähren uns nur für ihn, und sowohl ein fetter König als auch ein magerer Bettler sind nur zwei verschiedene Mahlzeiten für seinen Tisch. Von nun an bis zum Ende des Stücks wird Hamlet die morbiden Assoziationen nicht mehr los. Und von nun an befinden wir uns semantisch in der Nähe der Schädelstätte.

Nach einigen weiteren Repliken dieser Art bequemt er sich zu sagen, wo der Leichnam von Polonius zu finden ist. »Ihr werdet ihn riechen, wenn Ihr die Treppe hinauf in die Lobby geht.« Daraufhin eröffnet ihm der König, daß er sich für eine Reise nach England bereithalten soll, angeblich für seine eigene Sicherheit. Das Schiff wartet schon. Möglicherweise ist Claudius verblüfft, daß Hamlet das ohne weiteres hinnimmt. Er spielt weiter den Verrückten, wenn er plötzlich Claudius seine Mutter nennt: Denn Mann und Weib seien ein Fleisch, und deshalb sei er seine Mutter.

Kaum sind Hamlet und seine Bewacher verschwunden, erfahren wir, was Hamlet in England erwartet: Er wird Rosencrantz und Guildenstern einen sog. Uriasbrief mitgeben. Urias war eine Figur aus dem Alten Testament, den König David in die Schlacht schickte mit einem Brief an den Kommandanten, er solle ihn dahin stellen, wo es am gefährlichsten sei. David wollte ihn loswerden, weil er es auf seine Frau abgesehen hatte. Das hat den Uriasbrief sprichwörtlich gemacht. Und eben einen solchen Brief gibt Claudius Rosencrantz und Guildenstern mit nach England.

Akt IV, Szene IV

Hier sehen wir Hamlet am nächsten Morgen, kurz vor der Abreise nach England in der Nähe der dänischen Küste. Dort wird er Zeuge des Vorbeimarsches der Armee des Fortinbras. Dieser befindet sich auf einem Feldzug gegen Polen und bittet um eine Bestätigung des Rechts des Durchzugs und eine Eskorte. Dabei erfährt Hamlet, daß es bei diesem Feldzug um nichts anderes geht als einen *little patch of ground, einen kleinen Flekken Land,* wie ihm ein Offizier erzählt, für den dieser nicht einmal 5 Dukaten Pacht zahlen würde. Hamlet erklärt sich diesen Unsinn als Ergebnis von zuviel Wohlstand und zuviel Frieden, bei denen sich ein Abszeß bildet, der dann nach innen ausbricht. Und nun folgt einer der großen Monologe Hamlets.

Fortinbras und sein Heer ist das dritte Modell, an dem sich Hamlet mißt. Dabei stilisiert er den Vorbeimarsch der Armee direkt als Moralitäten-Exempel: »Examples gross as earth exhort me« – »Beispiele so plump wie die Erde ermahnen mich. Etwa diese Armee: von solchen Ausmaßen und solchen Kosten, geführt von einem noch jungen Prinzen, dessen Geist, aufgebläht von göttlichem Ehrgeiz, der künftigen Ereignisse spottet. Und alles, was sterblich und unsicher ist, aufs Spiel setzt. Und wofür? Für ein kleines Stückchen Land, in dem nicht mal so viel Platz ist, daß die 20 000 Soldaten ihre Gräber dort finden könnten.«

Diese Argumentation ähnelt ganz dem Selbstvergleich Hamlets mit dem Schauspieler. Der bringt sich in Rage: »Für was?« »Für Hekuba! Für nichts!« Doch hier wird der Vergleich umgedreht. Er beweist das Gegenteil. Denn hier geht es um die Ehre. Zwar heißt es, groß zu sein sei, nicht zu streiten ohne einen großen Gegenstand. Aber bei der Ehre ist es umgekehrt: Sie bietet einem »to find quarrel in a straw when honour is at the stake«. Einen Streitanlaß in einem Strohhalm zu finden, wenn es um die Ehre geht. Gerade in der Geringfügigkeit des Anlasses zeigt sich die Ehre am reinsten. Ebenso wie man nicht etwas Moralisches tun darf, weil es Vorteile bringt, darf die Ehre nicht durch äußere Motive überlagert werden. Man muß sie um ihrer selbst willen verteidigen; weil das Kleid der Ehre schon durch einen kleinen Flecken in toto beschmutzt wird, wird man ehrempfindlich. Das ist wie bei der Kunst: Schon eine kleine Beeinträchtigung zerstört alles.

Die Geringfügigkeit des Anlasses für den Ehrenhandel wird Hamlet dann beim Vergleich mit dem ersten Schauspieler zum Exempel der Selbstermahnung. Er findet sich selbst träge und vergeßlich. Er spricht von der viehischen Vergeßlichkeit, von seinen feigen Skrupeln, so genau darüber nachzudenken, daß der Gedanke aus einviertel Weisheit und dreiviertel Feigheit bestehe. Mit anderen Worten, Hamlet schwankt zwischen der Vorstellung, daß er einfach zu träge, wie ein Tier, sei, das nur schläft und frißt, und der Idee, daß er die Vernunft dazu gebraucht, sich zu Tode zu reflektieren. Er weiß nicht, ist es tierische Gedächtnislosigkeit oder zuviel Nachdenken. Da wird ihm Fortinbras zum Vorbild. Der und seine Armee denken überhaupt nicht nach und marschieren zu ihren Gräbern wie ins Bett. Und für was? Für nichts als die Ehre! Und er, Hamlet, der sehr viel mehr Grund hat, tut nichts! Wir haben im vorigen Monolog gesehen: Der Schauspieler regt sich wegen nichts auf. Und Fortinbras marschiert mit einer ganzen Armee los: für nichts. Und Hamlet, der soviel mehr Grund hat zu handeln, tut nichts. Und nun nimmt er sich vor, von jetzt ab »seien meine Gedanken blutig, oder sie taugen nichts«. Damit verschwindet er für eine gewisse Zeit von der Bühne nach England.

Akt IV, Szene V

Während der Abwesenheit Hamlets vollzieht sich das Schicksal der Familie des Polonius. Dieser zweite Handlungsstrang enthält eine Parallele zu der Geschichte von Hamlet. Denn auch sie wird dadurch in

Gang gesetzt, daß ein Vater ermordet wurde. Auch Laertes hat einen Racheauftrag, und Ophelia wird so verrückt, wie Hamlet vorgibt zu sein.

Der Wahnsinn Ophelias ist offenbar einer der Züge des Dramas, die in der kollektiven Erinnerung am deutlichsten hervorstechen. Schon am Beginn der Szene hören wir davon. Sie spricht viel von ihrem Vater, heißt es. Und das ist nun offenbar das Stichwort, unter dem wir ihren Wahnsinn verstehen müssen. Der Liebhaber, den sie abgewiesen und der sie so schlecht behandelt hat, hat ihren Vater ermordet. Das hat sie wahnsinnig gemacht. Sie redet deshalb irre, streut Vermutungen aus, redet von Tricks in der Welt, räuspert sich, schlägt sich gegen das Herz, ist beleidigt wegen Kleinigkeiten und redet so wirr, daß sich alle Zuhörer ihren eigenen Reim darauf machen. Aber, so sagt Claudius, das ist gefährlich. Denn sie redet ständig über Polonius' Tod.

Und dann hören wir in einem *aside* ein Bekenntnis der Königin. Eine jede Kleinigkeit scheint ein Prolog zu einem noch größeren Übel, sagt sie. Und so von unkontrolliertem Mißtrauen ist die Schuld, daß sie aus Furcht vor der Zerstörung zur Selbstzerstörung führt. Dieses Bekenntnis ist der einzige Hinweis auf den psychischen Zustand der Königin. Er deutet daraufhin, daß sie zögert, Ophelia zu sehen. Aber Horatio hat klargemacht, es ist gut, wenn man mit ihr spricht.

Im folgenden sehen wir einen der berühmtesten Auftritte der dramatischen Literatur: die wahnsinnige Ophelia. Sie ist völlig durcheinander. Sie erscheint mit lose herunterhängendem Haar; ausgestattet mit einer Laute, singt sie unzusammenhängende Bruchstücke aus verschiedenen Balladen. Die meisten Balladen waren dem Publikum des Globe-Theaters wohlbekannt. Vielleicht gehören sie auch anderen Stücken an. In der ersten Strophe geht es darum, wie sie ihren Liebsten erkennen soll. Da die Liebe noch in Begriffen der Religion gedacht wurde, waren Liebhaber Pilger. Entsprechend erkennt sie ihren Liebhaber an seiner Ausstattung als Pilger, nämlich dem Muschelhut und dem Stab, der zur typischen Ausstattung des Pilgers nach Santiago de Compostela gehört. Die nächsten Verse kreisen um den Bereich Begräbnis und Grabstein, bis der König sie nach ihrem Befinden fragt. Die Antwort ist kryptisch. Zunächst heißt es: »God 'ield you – Gott belohne dich.« Und dann kommt eine Anspielung auf eine Legende, nach der Jesus eine Bäckerstochter, die sehr ungroßzügig auf seine Bitte um Brot reagiert hatte, in eine Eule verwandelte. In ähnlicher Weise ist auch Ophelia verwandelt. Das nächste Lied spielt auf die Sitte an, daß das erste Mädchen, das ein Mann am Valentinstag sieht, sein Liebchen sein wird. Dabei sind die Lieder so unzüchtig, wie sie klingen.

Goethe hat sie deswegen kopiert und dem Mephisto in den Mund gelegt. »Was machst du mir vor Liebchens Tür, Kathrinchen hier, bei frühem Tagesblicke? Laß, laß es sein, er läßt dich ein, als Mädchen ein, als Mädchen nicht zurücke.« »Bei Ophelia heißt es: »Let in the maid, that out a maid never departed more.« »Nehmt euch in acht, ist es vollbracht, dann gute Nacht, ihr armen, armen Dinger! Habt ihr euch lieb, tut keinem Dieb nur nichts zu lieb, als mit dem Ring am Finger.« »Quoth she: ›Before you tumbled me, you promised me to wed.‹ He answers: ›So would I 'a done, by yonder sun and thou hadst not come to my bed.‹«

Goethes Gretchen hat definitiv Züge von Ophelia bekommen. Auch sie wird den Verstand verlieren. Und Ophelia imaginiert hier in ihrem Wahn, was Gretchen tatsächlich passieren sollte. Beide sind als Märtyrerinnen der Weiblichkeit zu Ikonen des 19. Jahrhunderts geworden, das diese Figuren des schmelzenden femininen Leibes besonders liebte. Heute sind sie besonders unpopulär. Goethe jedenfalls ließ sich durch diese Szene so weit inspirieren, daß er seine Laertes-Figur, Gretchens Bruder, Valentin nannte. Die letzte Replik Ophelias vor ihrem Abgang bezieht sich auf ihren Vater. Dann halluziniert sie das Ende eines Besuches, indem sie als große Dame auftritt. Sie verabschiedet sich und besteigt ihre – imaginäre – Kutsche: »Come, my coach. Good night, ladies…«

Im nächsten Szenenabschnitt kann man Shakespeares Technik der Tempovariation studieren. In weniger als 20 Zeilen faßt der Blankvers von Claudius wie in einer Bilanz die ganzen Kalamitäten zusammen, die inzwischen passiert sind. Alles hat, so wie Ophelias Wahnsinn, mit Polonius' Tod zu tun. Laertes ist von Paris zurückgekehrt, hat um sich einen unzufriedenen Haufen Volks gesammelt, der angesichts des hastigen und geheimen Begräbnisses von Polonius sich in eine rebellische Stimmung hineinsteigert. Er überläßt sich Einflüsterern, die nicht davor zurückschrecken, den König selbst an Polonius' Tod für schuldig zu erklären. Kaum ist diese Schilderung beendet, hört man schon von draußen den Lärm der rebellischen Menge. Ein Bote kündigt an, daß Laertes an der Spitze einer meuternden Menge den Palast gestürmt hat, und dann stürzt Laertes schon selbst herein.

[Laertes will] zur Rache schreiten. »Jeder Tropfen Blut«, sagt er, [der ruhig ist], proklamiert ihn zum Bastard und nennt seinen Vater einen Hahnrei und prägt seiner Mutter das Brandzeichen der Hure auf. Es ist kein Zweifel: Er macht den König verantwortlich. Er nennt ihn »Thou vile King«, »Du niederträchtiger König«. Die Königin wirft sich zwischen ihn und den König. Mehrmals muß sie Claudius davon abhalten, [Laertes zu unterbrechen]. »Laß ihn in Ruhe, Gertrude! Der König wird von seiner eigenen Göttlichkeit geschützt.« Aber Laertes will sich nicht ablenken lassen: »I'll not be juggled with.« »Zur Hölle, Untertanentreue, und Treueschwüre zu den schwärzesten Teufeln!« Er fordert direkt die Verdammnis heraus. Beide Welten, die übernatürliche und die natürliche, fordert er in die Schranken. Er will allein in seiner Rache sein.

Claudius gelingt es zunächst einmal, Laertes mit dem Versprechen zu bremsen, er werde ihm berichten, wie sein Vater in Wahrheit zu Tode gekommen sei, [...] doch bevor er damit richtig beginnen kann, werden ihm die Konsequenzen vor Augen geführt durch den Auftritt Ophelias. Das steigert das Unglück Laertes' noch ein weiteres Mal. »O, ihr Himmel«, ruft er, »ist es möglich, daß eines jungen Mädchens Verstand so sterblich ist wie das Leben eines alten Mannes?«

Doch Ophelia hat ihren Verstand ihrem Vater ins Grab nachgeschickt als Zeichen ihrer Liebe. Die Lieder Ophelias nehmen dieses Thema auf. Sie singt von jemandem, der zu Grabe getragen wurde, und bittet ihren Bruder, den Refrain zu singen. Und dann verteilt Ophelia Blumen an die Anwesenden, indem sie bei jeder Blume die symbolische Bedeutung erläutert. Rosmarin steht für Erinnerung und wurde sowohl bei Hochzeiten als auch Beerdigungen gestreut. Stiefmütterchen stehen für Liebesgedanken. Wahrscheinlich behält Ophelia die für sich selbst. Claudius gibt sie Fenchel, und der steht für Schmeichelei. Akelei, also Colombine, stand wegen ihrer Form für Ehebruch und Gehörntheit. Deshalb gibt sie die ebenfalls Claudius. Die Raute steht für Reue, und die gibt sie der Königin. Das Leid gibt sie sich selbst, das Gänseblümchen steht für Falschheit in Liebesschwüren, die Veilchen stehen für Treue, aber die sind nun alle vertrocknet, seitdem ihr Vater gestorben ist.

Der Anblick Ophelias, der Laertes zunächst erregt hatte, beruhigt ihn nun. Die Melancholie, die Leidenschaft und die Hölle selbst, sagt er, verwandeln sie in Charme und Schönheit. Und in dieser Stimmung ist es dem König möglich, Laertes dazu zu bewegen, ihn, Claudius, erst einmal anzuhören. Und er bittet ihn, seine besten Freunde als Richter in dieser Sache zu bestellen und erst dann zu urteilen.

In der sechsten Szene sehen wir Horatio, der einen Brief von Hamlet erhält. Wir erfahren darin, daß das Schiff, das Rosencrantz und Guildenstern zusammen mit Hamlet nach England bringen sollte, von Piraten überfallen [wurde], daß Hamlet allein ihr Gefangener wurde und daß die anderen ohne ihn allein nach England weiterfahren. Und: daß Hamlet zurückkommt. Er war nämlich ein Glücksfall für die Piraten. Denn als Königssohn wird er ihnen ein schönes Lösegeld einbringen.

Die Szene weitet die Optik. Sie suggeriert, daß inzwischen einige Zeit vergangen ist, und gibt Gelegenheit, sich vorzustellen, daß auch die Geschichte des Laertes inzwischen weitergegangen ist und der König ihm Erklärungen zu seiner Zufriedenheit gegeben hat.

Akt IV, Szene VII

Tatsächlich sehen wir, daß es dem König gelungen ist, Laertes – wie man im amerikanischen Gangsterjargon sagt – umzudrehen. Er betont, daß Hamlet, der Mörder seines Vaters, auch ihm nach dem Leben getrachtet habe. Dazu muß er aber nun erklären, warum er nicht vorher schon gegen Hamlets Gefährlichkeit eingeschritten sei. Dafür gibt er nun zwei Gründe an. Erstens hänge seine Mutter so sehr an ihm, und zweitens sei er bei der Menge so beliebt, daß das zu gefährlich gewesen sei. Das drängt nun auch Laertes auf den Weg der privaten Rache. Hamlet ist jetzt nicht mehr nur Rächer, sondern auch Bezugsfigur für die Rache eines anderen. Die Rache, die jetzt geplant wird, richtet sich gegen ihn.

Und nun erscheint ein Bote mit den Briefen von Hamlet an den König. Darin kündigt der Prinz seine Rückkehr an und bittet, am nächsten Tag vorgelassen zu werden, um zu erzählen, was inzwischen passiert sei. Der König ist verblüfft. Man prüft den Brief auf seine Echtheit, aber tatsächlich ist es Hamlets Handschrift. Und die ist echt, und so muß der König davon ausgehen, daß die Sache seine Richtigkeit hat. Und sofort schmiedet Claudius ein Komplott. Wir sehen also jetzt den Verbrecher bei der Arbeit. Die Art und Weise, wie er hier als routinierter Mafioso auftritt, macht rückwirkend plausibel, daß er auch seinen Bruder aus dem Weg geräumt hat. Als Grund dafür, daß es heimlich geschehen muß, gibt er wieder Rücksicht auf Hamlets Mutter an. Für sie muß es wie ein Unfall aussehen. Um Laertes für seinen Plan zu gewinnen, erzählt er nun relativ umständlich von einem gewissen Franzosen aus der Normandie namens Lamord, der vor zwei Monaten bei Hofe gewesen sei und sich als ein so geschickter Reiter erwiesen habe, daß er fast mit seinem Pferd verschmolzen sei. Und der habe Laertes, den er von Paris her kenne, gepriesen wegen seiner Fechtkunst. Angeblich habe Hamlet Laertes um keine andere Fähigkeit so beneidet wie um seine Fechtkunst. Deshalb sei er eifrig darauf bedacht gewesen, eine Begegnung zwischen ihnen herbeizuführen, um sich mit ihm zu messen.

Möglicherweise spielt diese umständliche Beschreibung des Normannen auf Shakespeares Mäzen, den Earl of Southampton, an, der den Titel trug »Master of His Horse«.

Bevor nun der König seinen infamen Plan zur Ermordung Hamlets zu entwickeln beginnt, muß er die Bedenken von Laertes und seine möglichen moralischen Skrupel, sich auf einen so hinterhältigen Plan einzulassen, ausräumen. Er ermahnt Laertes, sozusagen seine eigene Gemütsverfassung als eine der Bedingungen für das Handeln miteinzukalkulieren. Das, was wir tun sollen, sagt er, das sollten wir dann tun, wenn wir es auch wollen. Denn das Wollen ist selbst der Veränderung der Zeit unterworfen. Das ist eine Erlebnisverarbeitung, die von tiefem Mißtrauen gegen die Möglichkeit des Aufschubs erfüllt ist. Es mißtraut der Kontinuität der Welt, aber auch der Kontinuität des eigenen Selbst. Entsprechend versucht Hamlet, seine subjektive Kontinuität über die Selbstvergewisserung akuter Dauermotivation zu begründen. Das dürfte eine Überforderung der emotionalen Kontinuität sein. Das stößt ja auf das Problem, daß die Reflexion das unterbricht, worauf sie sich bezieht. Die entgegengesetzte Strategie verfolgt Laertes. Er versucht sich der Möglichkeitsfülle der Welt in einem Zugriff, mit einem Wurf, zu versichern. Er ist kein Zögerer, sondern geht aufs Ganze. Als Claudius ihn mit der Frage anstachelt, was er nicht alles tun würde, um seinen Vater zu rächen, kommt prompt die Antwort: Seine Kehle in der Kirche durchschneiden. Das ist der direkte Kontrast zu der Szene, in der Hamlet mit gezücktem Dolch über dem betenden König stand. Und er hat es nicht getan.

Nachdem der König auf diese Weise Laertes' Motivation wieder angestachelt hat, kommt sein Vorschlag: Laertes solle sich in seinem Zimmer einschließen, dann könne man ihn loben und seine Fechtkunst preisen und beide auf diese Weise zu einem Fechtkampf zusammenbringen. Und dann darauf wetten, wer gewinnt. In diesem Szenario könne Laertes sich ein Schwert aussuchen, das nicht für einen rein sportlichen Wettkampf stumpf gemacht worden sei, wie das sonst üblich ist, und dann mit einem trickreichen Stoß Hamlet umbringen. Hamlet wäre so sorglos und nobel, daß er die Degen sicher nicht untersuchen würde. Laertes ist sofort einverstanden. Dann übertrifft er Claudius noch, indem er vorschlägt, seinen Degen zu vergiften. Das übertrumpft nun der König wiederum mit einer dritten Absicherung: Er schlägt vor, daß sie sich beim Kampf so sehr erhitzen sollten, daß es wahrscheinlich wird, daß Hamlet nach einem Trunk verlangt. Und diesen Trunk will der König dann vergiften. Es gibt also jetzt eine dreifache Planungsstaffelung: Benutzung eines scharfen Degens, Vergiftung des Degens und Vergiftung des Trunks. Bezeichnend ist, daß der König wieder mit seinem Zaubermittel arbeitet: Gift. Und Laertes wird ihm dann parallelisiert. Auch er ist ein Giftmischer.

Nun werden sie von der Königin unterbrochen. In weniger als 20 Zeilen erzählt sie vom Tod Ophelias. Und was sie beschreibt, ist ein lyrischer Tod. Was sie schildert, ist zu einer Ikone geworden.

Es wächst dort über einem Bach ein Weidenbaum, sagt sie, dessen helle Blätter sich in seinem glänzenden Strom widerspiegeln. Und dort machte Ophelia phantastische Blumengirlanden aus Krähenblumen, Nesseln, Gänseblümchen und wilden Orchideen, und sie versuchte, die Girlanden auf die Zweige des Baums zu hängen, aber ein bösartiger Zweig brach, und sie und ihre Girlanden fielen in den weinenden Strom. Ihre Kleider breiteten sich auf der Wasseroberfläche weit aus und hielten sie wie eine Nixe an der Oberfläche, während sie, umkränzt von ihren eigenen Blumengirlanden, Hymnen zur Ehre Gottes sang, ohne ihre eigene Gefahr zu bemerken, wie ein Wesen, das an das feuchte Element gewöhnt ist. Aber lange konnte es nicht dauern, bis sich ihre Kleider voll Wasser sogen und das arme Mädchen aus ihrem melodischen Lied in den schlammigen Tod zogen.

Die Kontur der Ikone, die wir dahinter langsam aufscheinen sehen, ist das Bild vom sterbenden Schwan. Vom Schwan war bekannt, daß er singen kann, also in

Musik und Harmonie unterging. Er versank in den eigenen Melodien. Und diese Melodien wurden mit Liquidität und Wasser assoziiert. Das Weinen, das Singen und das Ertrinken wurden auf diese Weise in einem Bild zusammengedacht. Es ist die Verbindung von Harmonie, Schönheit und Tod. Ein Hinübergleiten in die Seligkeit, bei der man im Tode schon die Musik hörte, die mit den Himmelssphären und dem Jenseits verbunden wurde.

Viele Illustratoren des 19. Jahrhunderts haben dieses Bild festgehalten, gerade weil es so ungemein romantisch ist. Das hat vielen das Gefühl gegeben, den Tod Ophelias auf der Bühne gesehen zu haben, obwohl er nur erzählt wird. Dieser Tod ist Teil der kollektiven Erinnerung geworden.

Auch Laertes ist auf diese Schilderung hin untröstlich. Zunächst versucht er die Tränen zu unterdrücken, aber er schafft es nicht. Und so endet der vierte Akt mit einem lyrischen Ritardando.

Akt V

Der folgenden Szene entstammt die zentrale Ikone dieses Stücks: der Dänenprinz mit dem Totenschädel in der Hand. Es ist die Friedhofsszene.

Bevor Hamlet erscheint, sehen wir zunächst zwei Totengräber, die mit ihren Haarspaltereien eine Parodie der juristischen Auseinandersetzung darüber liefern, ob ein Selbstmörder in christlicher Erde beigesetzt werden darf. Im Zuge dieser Argumentation werden sie sozialrebellisch. Sie vermuten in der Bestattung dieser Selbstmörderin auf einem christlichen Friedhof die Privilegienwirtschaft des Adels. Sie überlegen, daß es früher überhaupt keine Edelleute gegeben habe, außer Gärtnern und Totengräbern, die alle den Beruf von Adam ausgeübt hätten, was zu der Frage führt, ob Adam überhaupt ein Gentleman gewesen sei. Das wird mit einem Witz beantwortet: Er war der erste, der ein Wappen trug. Aber gemeint ist natürlich: die Arme (arms / arms). Da der zweite Totengräber den Witz nicht versteht und bezweifelt, daß er arms, also ein Wappen gehabt habe, fragt ihn der erste, wie Adam denn ohne Arme hätte graben können. Wir hören darin die Echos der sozialrebellischen Parolen wie »When Adam delved and Eve span, where was then the gentleman?« »Als Adam grub und Eva spann, wo war dann der Edelmann?«

Dann quält der erste Totengräber den zweiten mit einer Scherzfrage: Wer baue am solidesten, der Maurer, der Schiffsbauer oder der Schreiner? Falsch ist die Antwort: der Galgenmacher, richtig ist: der Totengräber, denn das Haus, das er baut, währt bis zum Jüngsten Tage. Und dann schickt der erste Totengräber den zweiten weg, um Schnaps zu holen. Er selbst macht sich daran, das Grab auszuheben, und singt dabei ein Lied, das auf einer Gruppenversion eines Gedichts von Thomas, Lord of Vaux, mit dem Titel beruht »I loathe that I did love«. Die drei Strophen lauten folgendermaßen:

In youth, when I did love, did love,
    Methought it was very sweet
To contract – o – the time for – a – my behove
    O methought, there – a – was nothing meet.

But age, with his stealing steps,
    Hath caught me in his clutch
And hath shipped me intil the land,
    As if I had never been such.

A pick axe, and a spade, a spade,
    For and a shrouding-sheet;
Oh, a pit of clay for to be made
    For such a guest is meet.

[...]

»... mit seinen Statuten, Sicherheiten, Hypotheken und den ganzen juristischen Kniffen, um sich Land zu verschaffen. Und das ist also das Ende seiner Geldstrafen (fine), seinen edlen Schädel voll von besonderem, feinem Dreck zu haben. Und auch seine Landansprüche nützen ihm nichts mehr. Auch die Dokumente mit doppelter Unterschrift, die Eigentumsübertragungen und Indentgeschäfte werden in diesem Kasten von einem Schädel wohl kaum aufbewahrt.«

Schließlich fragt Hamlet den Totengräber, für wen er das Grab schaufele, und der antwortet wie immer bei Shakespeare mit einem primitiven Witz. Das wiederum provoziert Hamlet zu einer kulturkritischen Betrachtung: Das Zeitalter ist so fein geworden, daß der Zeh des Bauern so nah an die Hacke des Höflings herankommt, daß er seine Frostbeulen wundreibt.

Man hat diese Bemerkung auf das New Poor Law von 1601 bezogen, in dem der Unterhalt durch die Steuern der Reichen finanziert wurde. Das würde die merkwürdige präzise Angabe von drei Jahren, während das geschehen soll, verständlich machen, denn die Gesetzgebung wurde im Jahre 1597 angenommen.

Auch die nächste Frage, wann der Totengräber mit seiner Tätigkeit begonnen habe, wird präzise beantwortet: »Genau an dem Tag, als der alte Hamlet den alten Fortinbras besiegte, und das war wiederum an dem Tag, an dem der junge Hamlet geboren wurde. Und das war genau vor 30 Jahren.« Und vor 23 Jahren war des Königs Hofnarr, den Hamlet noch gut gekannt hatte, gestorben.

Auch weiß der Totengräber, daß Hamlet wahnsinnig ist und deswegen nach England gesandt wurde, damit er dort wieder vernünftig werde. Aber wenn er es nicht wird, ist es auch nicht schlimm, denn dort sind alle wahnsinnig. Dann erfährt Hamlet, wie lange ein Leichnam in der Erde liegen kann, bevor er verwest: 8–9 Jahre; bei einem Gerber dauert es 9 Jahre, weil seine Haut von Berufs wegen schon gegerbt ist. Und zu guter Letzt überreicht der Totengräber Hamlet den Schädel, den der Prinz nun in die Hand nimmt, um ihn zu betrachten. Es ist Yorricks Schädel, der Schädel des Hofnarren.

So wurde Hamlet immer wieder auf Plakaten dargestellt, Hamlet in Betrachtung des Todes. Es ist nicht umsonst der Schädel eines Hofnarren, denn der Totenschädel hat etwas Groteskes. Er verhöhnt den Betrachter und grinst wie ein Narr. Zugleich besteht eine Verwandtschaft mit Hamlet, denn auch er spielt ja den Narren. Irrsinn, Narrentum und Tod werden in eine Art thematische Reihe gebracht. Yorrick ist dabei die dänische Version des Namens Georg. Eine Beziehung zu einem historischen Hofnarren ist nicht gefunden worden. Bei seinen Betrachtungen gibt sich Hamlet einer sentimentalen und morbiden Reflexion hin, indem er die lebendige Beziehung zum ehemaligen Hofnarren, der ihn auf dem Rücken getragen hat, mit dem jetzigen Zustand des Schädels kontrastiert. »Wo sind deine Scherze nun und deine Streiche, deine Lieder, deine Witze, die einen ganzen Tisch zum Explodieren bringen konnten? Nicht einer jetzt, der sich über sein eigenes Grinsen lustig macht, das sowieso ganz niedergeschlagen wirkt, weil ihm der Unterkiefer heruntergefallen ist.«

Und dann gibt er ihm den Auftrag: »Begib dich in das Zimmer einer Dame und sage ihr, sie kann ihre Schminke ruhig einen Inch dicker auftragen, aber sie muß trotzdem eines Tages auf diesen Zustand herunterkommen. Versuch sie darüber zum Lachen zu bringen.« Und dann sinniert Hamlet über den Kreislauf von Leben und Tod am Beispiel des großen Alexander, der starb, begraben war, zu Staub wurde, von Staub zu Erde, und aus der Erde wird die Mischung aus Lehm und Stroh gemacht, mit dem man das Loch eines Bierfasses stopft. Und das wird dann schließlich in Versen zusammengefaßt zu der Sentenz, daß man mit der Erde, zu der Caesar wurde, ein Loch in der Wand stopfen kann.

Wenn das beherrschende Thema Hamlets bis zu seiner Abreise die Krankheit war, an der der ganze Staat Dänemark gelitten hat, so ist es nun, nach seiner Rückkehr, der Tod. Wenn das Stück mit dem Geist begann, der vom Friedhof kam, so kehren wir jetzt zum Friedhof zurück. Hamlet selbst nähert sich dem Grab, und die Tragödie nähert sich der Katastrophe. Der Tod selbst präsentiert sich als Narr, das Knochengerippe grinst. In diesem Grinsen liegt der Hohn auf die Endlichkeit. Zugleich ist der Tod der große Gleichmacher. Er ebnet die sozialen Differenzen ein. Darin steckt ein egalitäres Moment. Die Erinnerung an den Tod im Totentanz war häufig sozialkritisch. Edelmann, Bürger, Bauer, Bettler und dazwischen jeweils ein Tod formierten sich zu einem Reigen, bei dem die sozialen Differenzen nichts mehr zählten. Der Tod reißt die Maske vom Gesicht. Er endet auch das Schauspiel. Er ist deshalb das adäquate Ende einer Tragödie, wo die Schauspieler alle gleich werden: tot. Darin hat der Tod etwas Entlastendes.

Nun erscheinen die Angehörigen des Hofstaates beim Begräbnis der Selbstmörderin Ophelia. Hamlet bemerkt sofort, daß es sich um eine reduzierte Variante des Rituals handelt. Er schließt daraus, daß der Verblichene Selbstmord begangen habe. Und dieses Thema wird direkt wiederaufgenommen, wenn Laertes fragt, ob das schon die ganze Zeremonie gewesen sei. Der Geistliche, der das Begräbnis durchführt, sagt, daß er das Ritual schon so weit ausgedehnt habe, wie es überhaupt aufgrund des kanonischen Rechtes möglich sei. Ihr Tod sei Gegenstand einer Untersuchung gewesen. Und hätte eine übergeordnete Stelle die übliche Prozedur nicht außer Kraft gesetzt, wäre sie in ungeweihter Erde begraben worden. Statt hilfreicher Gebete hätte man Steine und Kiesel auf sie geworfen. Aber hier erlaube man ihr jungfräuliche Girlanden und Blumen, die man auf das Grab eines unverheirateten Mädchens werfe, sowie kirchliches Glockengeläut. Mehr könne man nicht tun, wenn man nicht Begräbnisriten derer, die im Frieden dahingegangen seien, profanieren wolle. Dann senkt man Ophelia ins Grab. Und die Königin streut Blumen auf sie: »Sweets to the sweet.« Die Assoziation von Ophelia und Blumen wird hier fortgesetzt. Und dann wird der Sarg ins Grab gesenkt.

Als man nun den Sarg mit Erde bedecken will, springt Laertes hinterher, um Ophelia noch einmal zu umarmen. Dann fordert er die Totengräber heraus, auf sie und ihn zugleich Erde zu werfen und davon so viel, daß aus dem Grab ein Berg wird, der höher ist als der Olymp. Dabei bedient sich Laertes einer so übertriebenen Rhetorik, daß er dem Schauspieler zu gleichen beginnt, der den Monolog über Pyrrhus gehalten hatte. Das war der Schauspielstil des mit dem Globe-Theater konkurrierenden Theaters der Admiral's Men, und diese Konkurrenz reproduziert sich wieder in der Konfrontation von Laertes und Hamlet.

Der Bombast Laertes' veranlaßt Hamlet, in dieser Szene hervorzutreten und sich zu erkennen zu geben. »This is I, Hamlet, the Dane.« Der Titel, den er sich gibt, ist eigentlich ein Königstitel. Hamlet springt ebenfalls ins Grab, weil ihm der Bombast auf die Nerven geht. Wenn es schon um die Demonstration der Liebe und Verehrung von Ophelia geht, dann will er sich nicht übertrumpfen lassen. Und er bietet eine groteske Parodie des Bombastes von Laertes, die zugleich ein gebrochener Ausdruck seines eigenen Schmerzes ist. »Was würdest du tun«, so fragt er rhetorisch, »um deinen Schmerz zu beweisen? Würdest du weinen, kämpfen, fasten, dich auseinanderreißen, Essig trinken, ein Krokodil fressen?« (Von Essig glaubte man, daß er die Melancholie induziere, und das Krokodil ist eine Anspielung auf die Krokodilstränen.) »Ich tue es. Kommst du hierher, um zu jammern, mich zu übertreffen, indem du in ihr Grab springst? Werde mit ihr begraben, und ich will es auch. Laß sie Millionen von Klafter auf uns häufen, bis unsere Erde ihre Glatze an das brennende Firmament stößt und der Berg Ossa dagegen wie eine Warze aussieht. Nein«, so fährt er fort, »ich kann so gut Bombast äußern wie du auch!«

Damit grenzt sich Hamlet vom Typus des konventionellen Rächers ab. Interessant ist es insofern, als es wieder um den Ausdruck der Trauer geht. Darin ging es auch bei seiner ersten Reaktion auf seine Mutter, in der er die konventionellen Trauerattitüden schilderte und sich dann davon unterschied. »These are things that a man might play. But I have that within which passes show.« Die Wortwahl, mit der er hier Laertes warnt, ist fast dieselbe. »Yet I have something in me dangerous.«

Gertrude entschuldigt Hamlet mit seiner »madness«. Sie tut das mit Formulierungen, die an die Nacht in »The closet scene« erinnern. Sie schildert, wie der Anfall ihn für eine Weile in den Klauen hält, und dann wird er so geduldig wie die weibliche Taube, wenn sie über ihren goldenen Baby-Tauben brütet. Hamlet ist natürlich völlig entgeistert darüber, daß Laertes ihm an die Gurgel geht. Er versteht es nicht. Er verweist darauf, daß er ihn immer respektiert habe. Aber dann wendet er sich mit einem Schulterzucken ab: Es kann der Beste nicht in Frieden leben, wenn es dem bösen Nachbarn nicht gefällt. »Selbst Herkules kann es nicht verhindern, wenn die Katze miaut und der Hund bellt.«

Und damit haben wir die letzte Szene des Dramas erreicht. Sie beginnt mit einem Filmschnitt. Hamlet hat offenbar ein Thema gerade beendet. »So much for this«, sagt er und beginnt nun mit einem Bericht über seine Reise nach England. Wir wissen ja schon, daß er von Piraten gefangengenommen wurde. Aber nun trägt er die Vorgeschichte nach. Bevor es geschah, beschlich ihn auf dem Schiff eine Art von Unruhe. Er konnte nicht schlafen, so daß er sich schlimmer fühlte als Rebellen in ihren Fesseln. Ganz impulsiv hat er sich an seine Begleiter Rosencrantz und Guildenstern herangeschlichen, ihr Päckchen gefunden, es mit auf seine Kabine genommen und ihre Botschaft an den König von England aufgebrochen. Und in dieser fand er den Uriasbrief mit dem Befehl, daß man nach Durchsicht dieser Botschaft ohne Verzug und ohne das Schärfen der Axt abzuwarten seinen Kopf abschlagen solle.

In einer Parenthese preist Hamlet die Impulsivität. Denn wir sollen wissen, daß unser Mangel an Urteilsfähigkeit uns manchmal gute Dienste leistet, wenn unsere tiefdurchdachten Pläne zu nichts führen. Und das sollte uns lehren, sagt Hamlet, daß es eine Gottheit gibt, die unserem Vorhaben ihre endgültige Form verleiht, wenn wir sie erst im Ungefähren gesehen haben. Das ist eine der meistzitierten Zeilen aus *Hamlet.* Sie zeigt eine andere Haltung gegenüber der vorherigen zerquälten Reflektiertheit. Man spürt nun eine Zunahme, einen Grund zu vertrauen, ein Vertrauen in die Providenz.

Und dann erzählt er weiter. Er dachte sich einen neuen Brief aus, schrieb ihn so schön, wie ein professioneller Schreiber das tun würde. Zwar hat er sich früher gedacht, daß Schönschreiben nur ein niedrigerer Rang zukäme, aber jetzt kam ihm diese Kunst zustatten. So schrieb er eine ernste Aufforderung von seiten des Königs, und in Erinnerung daran, daß England ihm tributpflichtig war, daß das gute Einvernehmen zwischen ihnen wie eine Palme blühen möge und der Friede zwischen ihnen bekränzt sein möge und als verbindendes Glied zwischen ihren Freundlichkeiten stehen solle, und noch so manche Klausel mehr, die mit »As« begann, daß bei Erhalt dieser Nachricht der König von England die Überbringer dieses Schreibens ohne Verzug und ohne ihnen Zeit zur Beichte und Absolution zu lassen vom Leben zum Tode befördern solle. Auch was das Siegel betraf, war ihm der Himmel günstig. Er hatte seines Vaters Siegelring in seinem Geldbeutel, der das Modell für den dänischen abgab. Er faltete die Kommission in der gleichen Form wie die andere, unterschrieb sie, versiegelte sie und vertauschte sie mit der ersten, die er vorher gestohlen hatte. Am nächsten Tag war das Seegefecht, durch das er auf das Schiff der Piraten geriet. Und den Rest kennt Horatio. Und so gehen also, wie Horatio sagt, »Guildenstern und Rosencrantz ihrem Tod entgegen«. Die Zeile hat den Titel für Stoppards berühmtes Stück geliefert: »Rosencrantz and Guildenstern are dead«.

In der nächsten Replik rechtfertigt Hamlet sich kurz, denn die beiden belasten sein Gewissen nicht. Sie gaben sich gerne für diese Aufgabe her; ihr Ruin ist das Ergebnis der Art, wie sie sich selbst in diese Affäre hineingewunden haben. Es ist eben gefährlich, wenn niedrige Kreaturen zwischen die Stöße und die scharf erhitzten Spitzen von mächtigen Gegnern geraten. Aus all dem leitet Hamlet ab, daß er nicht nur gerechtfertigt, sondern daß es seine Pflicht ist, diesen König umzubringen.

Nun, Horatio ist praktisch und denkt daran, daß Claudius etwas weiß von dem, was in England geschehen ist. Hamlet gibt es zu. Es ist nur kurz, aber die Zwischenzeit gehört ihm: »The interim is mine«. Ein Menschenleben ist nicht mehr, als wenn man »eins« sagt. Das sagte man bei Degengefechten oft, wenn man zustieß. Aber es tut ihm leid, daß er sich Laertes gegenüber vergessen hat. Und nun zieht er die Parallele zu sich selbst. »The image of my cause I see that portraiture of his.« Auch er hat jemanden zu rächen. Aber die bombastische Art, wie Laertes seine Trauer geäußert hat, hat ihn herausgefordert. »It put me into a towering passion.«

Nun erscheint am Ende des *Hamlet* noch ein neuer Charakter. Es ist der lächerliche Höfling Osrick. Er ist besonders affektiert und modisch gekleidet. Ein Großteil der Spöttereien in den nächsten Dialogen bezieht sich offenbar auf den phantastischen Aufzug dieses Höflings. Hamlet nennt ihn sofort einen Wasserfloh, was sich offenbar auf ein geflügeltes Wams bezieht, das damals in Mode kam. Wobei frei von den Schultern abfallende Stoffteile wie Flügel aussahen. Hamlet macht für Horatio von dieser Figur eine kurze Porträtskizze. Er ist zu Hofe gekommen, weil er reich ist. Er ist eine Dohle, d. h. ein Vogel, dem man das Sprechen beibringen kann. Osrick kann nun seine Botschaft gar nicht loswerden, weil Hamlet ihn ständig parodiert. Obwohl die Elisabethaner ihre Hüte normalerweise auch in geschlossenen Räumen trugen, hat Osrick seinen Hut abgesetzt. Und Hamlet bittet ihn, ihn wiederaufzusetzen. Als Osrick bemerkt, es sei sehr warm, widerspricht Hamlet: im Gegenteil, es sei sehr kalt. Da beeilt sich Osrick, in der gleichen Weise wie Polonius, ihm eilig zuzustimmen, obwohl er gerade das Gegenteil behauptet hatte. Dann widerspricht sich Hamlet wieder und behauptet, es sei heiß, und Osrick folgt ihm auch diesmal. Schließlich setzt Osrick seine Botschaft fort, indem er von Laertes spricht. Er nennt ihn einen absoluten Gentleman, voll der besten Qualitäten, von sehr angenehmer Gesellschaft und blendender Erscheinung. Ja, um ihm Gerechtigkeit widerfahren zu lassen, muß man ihn die Charta der adligen Tugenden nennen, einen, der all die Eigenschaften enthält, die einen richtigen Gentleman ausmachen. Osrick hat dabei zwei Metaphern gemixt, wenn er einerseits davon spricht, daß er wie ein Verkäufer von Laertes redet, dann aber sogleich eine Schiffsmetapher aufnimmt und Laertes mit einem Kontinent vergleicht, der all das enthält, was ein Gentleman auf der Reise sehen sollte.

Dieses affektierte Gerede nimmt Hamlet nun auf, indem er es noch übertrifft. Auch er mischt die Schiffs- und Verkaufsmetaphern. Und wenn man diese schwierige Passage paraphrasiert, heißt sie ungefähr folgendermaßen: »Die Spezifikation seiner Vollkommenheiten hat nichts durch Eure Beschreibung verloren. Obwohl ich weiß, daß sie so zahlreich sind, daß ein detailliertes Inventar, das ein Ladenbesitzer anfertigen könnte, die geistige Arithmetik eines normalen Menschen schwindeln machen könnte, der außerdem vom Kurs abkäme durch sein – und nun kommt ein Wortspiel aus *Sail, Segel* und *Sale, Verkauf.*« […] »Aber«, so fährt Osrick fort, »um ihn wahrhaftig zu preisen, halte ich ihn wirklich für eine Seele von großem Wert. Und sein Wesen (his infusion) halte ich für so teuer und so rar, daß ich, wenn ich sie wirklich beschreiben will, ihn mit nichts anderem vergleichen kann als mit seinem Spiegelbild. Denn was kann ihn besser beschreiben als sein Schatten?«

Wir bekommen hier eine Parodie des affektierten höfischen Geredes der elisabethanischen Zeit. »Und«, fragt Hamlet, »warum ölen wir diesen Gentleman in unserem rauhen Atem?« Also: in einer Rede, die ihn gar nicht beschreiben kann? Nun hat Hamlet so sehr übertrieben, daß Osrick ihn gar nicht mehr versteht. Deswegen fragt Horatio: »Versteht er es nicht mehr, wenn jemand anders so redet?« Und macht ihm dann Mut: »Versuchen wir es noch mal, Sie werden es schon schaffen!« Und dann fragt Hamlet noch mal, welchem Zweck die Nennung dieses Gentleman gedient habe. Aber Osrick ist offenbar gelähmt und fragt dumpf: »Laertes?« Da stellt Horatio trocken fest: »Sein Portemonnaie ist leer. All seine goldenen Worte sind ausgegeben.« »Ihr kennt ja Laertes«, fährt Osrick fort, und Hamlet antwortet mit einer Anspielung auf Matth. 6, Vers 1: »Ich kann das nicht bekennen, nämlich Laertes gut zu kennen, denn dann würde ich mich selbst mit seiner hervorragenden Qualität vergleichen. Aber jemand anders zu kennen hieße, sich selbst gut kennen.« Osrick aber hat das nur mit Bezug auf die Fechtkunst gemeint. Denn nach dem, was man Laertes nachsagt, ist er in dieser Disziplin ohne Rivalen. Osrick nennt nun die Bedingungen des sportlichen Fechtwettkampfes, den wir gleich sehen werden. Bei den Waffen geht es um Schwert und Degen.

Dann geht es um den Wetteinsatz. Der König setzt sechs Berberpferde auf den Sieg Hamlets, dagegen setzt Laertes sechs französische Degen und Kurzschwerter mit Zubehör, modisch, im Griff passend und von sehr elegantem Design. Wobei Osrick die Aufhängung in affektierter Manier als Lafetten bezeichnet, die man nur für Kanonen braucht. Zu Recht bemerkt Horatio, um Osrick zu verstehen, brauche man noch Fußnoten. Und dann nennt Osrick die Kampfbedingungen. Der König hat festgelegt, daß Laertes mit drei Treffern Vorsprung gewinnen muß. Laertes macht zur Bedingung, daß dann der ganze Kampf zwölf Runden lang gehen muß statt der üblichen neun, damit mehr Zeit zur Verfügung steht, einen Vorsprung von dreien herauszuholen. Denn würde es, wie üblich, nur neun Runden geben, dann müßte er doppelt so oft wie Hamlet, nämlich 6 : 3, gewinnen. Die Bedingungen waren lange Zeit ein Problem für die Textkritik, weil man den Satz »He has played on twelve for nine« nicht richtig interpretiert hatte. Man glaubte, daß man in einem Dutzend nicht 12 : 9 gewinnen kann. Das Problem löst sich, wenn man es so übersetzt, daß die üblichen neun Runden durch zwölf ersetzt worden sind, und daß Laertes innerhalb dieser zwölf mit mindestens drei Runden Vorsprung gewinnen muß. Also 9 : 3 oder 8 : 4 geht, 7 : 5 geht nicht mehr. Es könne zu einem sofortigen Versuch kommen, wenn Hamlet der Begegnung zustimmen würde.

Und Hamlet stimmt zu. Es sei sowieso die Zeit, zu der er seine täglichen Übungen mache. Osrick verabschiedet sich nun mit einer albernen Verbeugung und setzt seinen Hut wieder auf. Denn Horatio sagt, der Kiebitz renne nun weg. Vom Kiebitz nahm man an, daß er nach dem Schlüpfen noch mit der Eierschale auf dem Kopf herumrennt. Und das bezieht sich wiederum auf Osricks Hut. Hamlets Kommentar ist nicht weniger ironisch, wenn er sagt, Osrick sei so höflich, daß er vorher die Brustwarze seiner Mutter um Erlaubnis gebeten habe, bevor er daran gesaugt hat. Und dann kommentiert er diese neue Art von Leuten, die nur die modische Art zu reden imitieren. Sie sammeln aus ihrem sozialen Verkehr eine Art von schaumiger Anthologie von feinen Ausdrücken, womit sie die erfahrensten Geister düpieren. Aber wenn sie sich bewähren sollen, dann platzten sie wie Seifenblasen.

Da nun ein weiterer Lord auftaucht, der anfragt, ob Hamlet sich gleich mit Laertes messen will oder ob er sich noch länger vorbereiten will, müssen wir schließen, daß Osrick Hamlets Antwort in so verklausulierter Form überbracht hat, daß niemand sie verstanden hat. Hamlet bestätigt nun gegenüber diesem Lord, daß er bereit ist. Und dann erfahren wir, daß der König und die Königin und der ganze Hofstaat im Anmarsch sind. Und der Gentleman überbringt die Bitte der Königin, Hamlet möge doch vor dem Wettkampf Laertes in irgendeiner freundlichen und versöhnlichen Weise begrüßen.

Bevor nun der Hofstaat auftritt, kommt es zu einer kurzen Unterhaltung zwischen Horatio und Hamlet über den bevorstehenden Wettkampf. Horatio befürchtet, daß Hamlet verlieren wird, Hamlet dagegen ist zuversichtlich. Seit Laertes nach Frankreich abreiste, hat Hamlet sich ständig im Fechten geübt. Und bei dem Handicap, das Laertes vorlegt, wird er gewinnen. Das heißt natürlich, daß er nicht absolut gewinnt, er ist also nicht besser als Laertes, aber er wird langsam ebenso gut, und dann kann Laertes sein Handicap nicht aufholen. Zugleich hat aber Horatios Befürchtung auch eine Konnotation hinsichtlich eines größeren Verlustes. Hamlet ist schwer ums Herz zumute. Aber er kennzeichnet das als eine Art Dummheit. Eine unklare Befürchtung, die vielleicht eine Frau heimsucht. Horatio dagegen sagt, er solle seiner Intuition gehorchen. Er selbst, Horatio, würde es übernehmen, die Ankunft des Hofes zu verhindern. Er wolle sagen, daß Hamlet krank sei. Aber das will Hamlet nicht zulassen. Er will der Prophezeiung trotzen. Mit »Auguren« spricht er die römischen Priester an, die aus dem Vogelflug die Zukunft ablesen konnten. Denen gegenüber, so sagt Hamlet, waltet eine besondere Vorsehung über dem Fall eines Spatzen.

Das ist ein verdecktes Zitat von Matth. 10, Vers 29. Hamlet gibt damit eine neue Schicksalsergebenheit zu erkennen. Wenn es jetzt sein soll, so sagt er, dann braucht es in Zukunft nicht mehr zu kommen, und wenn es nicht mehr kommen muß, wird es jetzt sein. Aber wenn er jetzt nicht kommt, wird er sicher in der Zukunft kommen. Gemeint ist natürlich der Tod. Und dann kommt die berühmte Schlußfolgerung: »Bereit sein ist alles.« Wenn kein Mensch an irgend etwas auf Erden ablesen kann, welches der richtige Moment zum Sterben ist, warum soll man sich dann darüber überhaupt Gedanken machen? Das ist ein deutliches Echo von Montaigne. Wo er sagt, ein Mensch solle immer gestiefelt sein, um seine Reise anzutreten. Auf die Ungewißheit der Zukunft muß man mit einer generellen Bereitschaft reagieren.

Das mittelalterliche Lebensprogramm mit dem Ende des Todes wird durch die Dramatisierung des Todes und seine Dauerkonfrontation mit dem Leben abgelöst. Schon das Vergehen der Zeit wird als eine Form des Sterbens erlebt. Dafür gilt es bereit zu sein. Hamlets Todesahnung soll also auch seine Todesbereitschaft bekunden. Er hat sich vorbereitet. So wie er für den Kampf trainiert hat, hat er auch für den Tod trainiert. Mit jedem Duellgegner tritt einem der Tod entgegen. So kommt es in dieser letzten Szene zum *agon mortis*, zum Kampf mit dem Tod, den Hamlet in dem großen Monolog beschworen hat. »Sein oder nicht sein?«, das ist die Frage, die man in jeder Lebensminute stellen muß. Auf diese Weise holt man den Tod ins Leben und gewöhnt sich an ihn. Erst durch diese Gewöhnung entwickeln wir jene männliche Haltung, die die Italiener *virtú* nennen.

Nach diesem kurzen Moment der Reflexion erscheint der gesamte Hofstaat, um sich an einem sportlichen Wettkampf zu delektieren. Auch das reale elisabethanische Publikum sah dem mit großem Vergnügen entgegen. Elisabethanische Schauspieler waren gute und ausgebildete Fechter. Und ein Duell auf der Bühne war einer der Gründe, warum viele der Zuschauer überhaupt eine Eintrittskarte kauften. Zunächst einmal muß ein Raum abgesteckt werden, in dem die Fechtrunden zwischen Laertes und Hamlet stattfinden. Es werden Tische aufgestellt. Darauf werden Weinkaraffen und Gläser abgestellt. Denn wir hören, daß diese sowohl zur Erfrischung der beiden Fechtenden als auch dafür bereitstehen sollen, daß der König einen Toast auf Hamlet ausbringen wird, wenn er gewinnen sollte.

Auf dem Tisch werden möglicherweise auch die Waffen abgelegt und die Schutzkleidung für die Kämpfenden. Bei den Waffen handelt es sich, wie schon gesagt, um *foils and daggers. Foil* war nicht wie heute das mit einer Kugel unten abgestumpfte Florett, sondern der Duelldegen, dessen Spitze für Sportwettkämpfe unten abgeflacht war. Diese Duelldegen wurden nicht zum Hakken und Schneiden verwendet, sondern man stieß damit zu wie mit dem Florett. Der *dagger* seinerseits war ein Kurzdegen, den man in der linken Hand hielt und mit dem man die Stöße des Gegners abzuwehren suchte.

Als Schutz für Hände-, Kopf- und Brustregion werden Kettenhandschuhe, eine Art von Helm und ein Kettenhemd getragen. All diese Dinge werden jetzt hereingebracht. Der Tisch wird aufgestellt, es werden Sitzkissen verteilt, und in der Mitte der Bühne wird der Platz freigemacht, auf dem sich die beiden Opponenten gegenüberstehen werden. Der König fungiert zunächst als eine Art Schiedsrichter. Er bringt die beiden Kampfhähne dazu, sich vorher die Hand zu geben. »Komm, Hamlet«, sagt er und »Komm und nimm diese Hand von mir!« Also er selbst zwingt die beiden Hände der Opponenten zusammen. Hamlet, der ja schon von seiner Mutter ermahnt worden war, sich Laertes freundlich zuzuwenden, entschuldigt sich für seinen Ausbruch ihm gegenüber über dem Grab Ophelias. Der Konflikt zwischen beiden ist ein Ehrenhandel. Deshalb sind die Differenzierungen zwischen *nature, honour* und *exception* wichtig. *Nature* betrifft die natürlichen Gefühle des Sohnes, *honour* den guten Namen und *exception* eine Art von Mißbilligung. Hamlet entschuldigt all dies mit seinen Anfällen von Wahnsinn. Laertes reagiert eher zurückhaltend. Was seine persönlichen Gefühle, also *nature*, betrifft, so wird er sich zufriedengeben. Aber was seine Ehre betrifft, so will er keine Versöhnung, bis er den Rat eines Älteren und in Ehrenhändeln erfahrenen Menschen eingeholt hat, durch dessen Zustimmung, die dann durch Präzedenzfälle gedeckt sein muß, er sich mit Hamlet versöhnen kann. Das ist also der Rückgriff auf eine ältere archaische Tradition der öffentlichen Beilegung von Ehrenhändeln. Natürlich ist das alles voller dramatischer Ironie, denn wir wissen ja von seinem sehr unehrenhaften Plan, Hamlet mit einer scharfen, vergifteten Degenspitze umzubringen. Gerade hier ist Laertes im Begriff, seine Ehre zu verlieren.

Nun erfolgt die Auswahl der Waffen. Zunächst wendet sich Hamlet an Osrick, der den Schiedsrichter und Waffenmeister spielt und in der Mitte etwas weiter zurück steht, und fordert ihn auf, ihm die Degen zu geben. Er wird darin von Laertes sekundiert. Osrick zögert und schaut vielleicht den König an. In der Zwischenzeit macht Hamlet eine höfliche Bemerkung gegenüber Laertes, wenn er sagt: »I'll be your foil.« Das ist ein Wortspiel auf *Degen*, heißt natürlich auch *Hintergrund*, vor dem sich Laertes wie ein Stern in dunkler Nacht abheben kann. Das ist eine höfliche Anerkennung von Laertes' Überlegenheit. Als Laertes sagt, daß er sich über ihn lustig macht, protestiert Hamlet und gibt ihm vielleicht noch mal die Hand. Inzwischen hat es ein Einverständnis zwischen Osrick und dem König gegeben. Der fordert ihn auf, den beiden die Degen zu geben. Osrick bringt sie nach vorne, und zwar mehrere

Degen, deren Spitzen allesamt stumpf gemacht worden sind. »Cousin Hamlet, you know the wager?« fragt der König. »Kennt Ihr die Wetteinsätze?« Hamlet reagiert höflich: »Euer Gnaden haben den Einsatz auf die schwächere Seite gesetzt«, nämlich auf ihn. Aber der König ist nun besorgt. Er hat sie beide gesehen. Doch weil Laertes sich noch etwas mehr vervollkommnet hat, hat er ein Handicap übernommen.

Durch das Gespräch mit dem König wird Hamlet davon abgelenkt, auf welche Weise Laertes seinen Degen wählt. Er gibt den an der Spitze abgestumpften Degen zurück, indem er vorgibt, er sei zu schwer. Dann geht er dahin, wo Osrick den vergifteten spitzen Degen gelassen hat, und sucht sich ihn aus. »Laß mich einen anderen sehen!« Auf diese Weise übersieht Hamlet, daß Laertes einen spitzen, unabgestumpften Degen hat. Während nun die beiden ihre Schutzkleidung anlegen, verkündet der König das weitere Arrangement für das Zeremoniell. Wenn Hamlet in der ersten oder zweiten Runde gewinnt oder seine Niederlage in der dritten Runde zurückzahlt, dann sollen alle Festungskanonen abgefeuert werden, und der König will einen Toast auf Hamlet ausbringen. Dabei will er in den Wein eine besonders feine Perle legen, die wertvoller ist als vier aufeinanderfolgende Könige in Dänemark in der Krone getragen haben. Mit dieser Perle wird der König den Wein vergiften. Es muß sich also um den Wein handeln, den der König Hamlet anbieten wird. Wenn die Diener nicht zu Komplizen des Königs gemacht worden sind, wird es obendrein sinnvoll sein, wenn man sich vorstellt, daß die Weinkaraffen auf einen Seitentisch gestellt werden, während die Becher selber auf einem Tisch an der Seite des Königs plaziert werden. Man muß sich noch einmal die Wirkung des Handicaps klarmachen. Wenn Hamlet schon die ersten beiden Runden gewinnt, das ist also *the first of second hit*, von dem der König spricht, wird es für Laertes immer schwieriger, Hamlet mit drei Runden Vorsprung zu schlagen. Umgekehrt, wenn Hamlet zuerst verliert, kann der Gewinn der dritten Runde eine Art Umkippen des Spiels bedeuten. Wir werden dann sehen, daß Hamlet tatsächlich die ersten beiden Runden gewinnt und die dritte unentschieden ausgeht. An dieser Stelle läßt sich der König zwei Becher reichen, einen für sich selbst und einen, den er später Hamlet reichen wird. In den wirft er die Perle mit dem Gift.

Jetzt aber gibt er das Zeichen zum Einsatz des Gefechts. Er fordert den Trommler auf, dem Trompeter das Zeichen zu geben, und die Trompete ist wieder das Signal für die Kanonen draußen. Die Kanonen werden gegen den Himmel böllern, und der Himmel wird das Echo zur Erde zurückschicken. Und dann trinkt der König auf Hamlet. Und nun gibt er das Zeichen zum Einsatz. Vorher fordert er die Kampfrichter noch mal auf, genau zuzusehen. Aber das ist ironisch, wenn man bedenkt, daß der Kampf völlig unfair sein soll.

Nun beginnt die erste Fechtrunde. Sie wird von Hamlet gewonnen. Er bringt den ersten Stoß unter. Das Signal dafür ist, wenn er *one* sagt. Vorher hat er gesagt, daß eines Menschen Leben nicht mehr sei, als wie wenn man *eins* sagt. Laertes dagegen leugnet, getroffen worden zu sein, und so appellieren sie an die Kampfrichter. Osrick dekretiert tatsächlich einen Schlag, einen sehr fühlbaren Schlag. Das ist sprichwörtlich geworden: *a bit, a very palpable bit.* Das wird in späteren Dramen, so z. B. in »*The Way of the World*« zitiert. Dann geht es auf zur nächsten Runde. Daß Laertes dazu auffordert, zeigt, daß er begierig auf Revanche ist. Aber der König will hier schon sozusagen Plan B einsetzen und Hamlet den vergifteten Becher reichen. Deshalb die Aufforderung »Stay, give me a drink!«

Dann zeigt er Hamlet die Perle, wirft sie in den Becher, fordert die Diener auf, Hamlet den Becher zu reichen, und hebt selbst den Becher zum Trunk. Gleichzeitig erschallen die Trommeln, die Trompeten und möglicherweise die Kanonen draußen. Aber Hamlet will noch nicht trinken. Der Plan des Königs wird hier zum erstenmal durchkreuzt. Hamlet sagt: »Ich fechte diese Runde erst zu Ende. Set it by a while!« »Setz den Becher noch mal hin!« So kommt es zur nächsten Runde. Wieder wird sie von Hamlet gewonnen. Laertes gibt es zu: »A touch, a touch, I do confess.« Der König wird besorgt. Zu Gertrude sagt er: »Unser Sohn wird gewinnen!« Das mag die Königin erfreuen. Aber ihre mütterlichen Gefühle sind erregt, wenn sie sagt: »He's fat and scant of breath.«

Das ist nun eine Zeile, die zu einer sehr unglücklichen Interpretation Anlaß gegeben hat. Sie hat das Bild Hamlets ernsthaft beschädigt. In der Schlegelschen Übersetzung hat man nämlich zunächst angenommen, daß es heißt: »Er ist fett.« Von da aus müßte man sich Hamlet als einen korpulenten, womöglich sogar einen kleinen Burschen vorstellen. Das ist völlig abwegig, hat aber trotzdem dazu geführt, daß Brecht von einem kleinen fetten Menschen namens Hamlet gesprochen hat und ihn in Inszenierungen so auftreten ließ. *Fat* heißt aber nicht *fett*, sondern *verschwitzt*. Die Königin stellt fest, daß ihm der Schweiß in die Augen rinnt. Deswegen bietet sie ihm ihr Taschentuch an, um seine Stirn zu wischen.

Und nun erfolgt der erste Schritt in die Katastrophe: Die Königin nimmt den vergifteten Becher Wein, den Hamlet gerade abgelehnt hat, und trinkt ihm zu. Hamlet antwortet mit einer Art anerkennender Geste: »Good, madam.« Der König zischt der Königin ins Ohr: »Gertrude, trink nicht!« Sie sieht natürlich keinen Anlaß, warum nicht; möglicherweise ist sie vom Kampf euphorisiert und von der Tatsache, daß ihr Sohn gewinnt. Sie widersetzt sich dem König. Hamlet aber zögert zu trinken. Vielleicht glaubt er, es sei ihm nicht bekömmlich und schade seiner Kondition. »I dare not drink yet«, sagt er. Darauf geht die Königin auf ihn zu und wischt ihm die Stirn ab. Weil Mutter und Sohn für kurze Zeit miteinander beschäftigt sind, eröffnet das die Möglichkeit für den König und Laertes, Kontakt aufzunehmen. Laertes kündigt an, daß er Hamlet nun treffen wird. Der König bezweifelt das. Wenn Hamlet nur noch zwei, drei Runden gewinnt oder einige der Runden unentschieden ausgehen, hat Laertes keine Chance mehr, mit drei Runden Vorsprung zu gewinnen. Es müssen ja zwölf Runden gefochten werden. Und wenn drei Runden an Hamlet gehen oder einige unentschieden ausgehen, ist das ganze vorzeitig zu Ende. Dann hat Laertes keine Gelegenheit mehr, ihn umzubringen. Nun, aller guten Dinge sind drei. Hamlet fühlt sich in Form. Er fordert Laertes geradezu heraus. »You but dally«, »Du spielst nur mit mir«, sagt er. »Du kannst ruhig noch etwas zulegen.« Laertes nimmt die Herausforderung an, aber wir kennen die Bedeutung, in der er es tut. »Say you so?« »Na, du wirst schon sehen!« Dann gibt es ein Unentschieden. Dabei drücken beide ihre Degenknäufe so aneinander, daß keiner mehr loskommen kann. Diese Blockade wurde *Pas d'âne*, der Eselsschritt genannt. Mit zwei verlorenen Runden und einem Unentschieden wird es für Laertes dringlich, beim nächsten Mal zum Stich zu kommen. Der Schiedsrichter hält einen Stab zwischen die beiden Fechter, um damit klarzumachen, daß die Runde zu Ende ist. Sie müssen also beide abbrechen. Es passiert das, was man beim Boxen als *Break* bezeichnet.

Während Hamlet sich nun abwendet, benutzt Laertes das zu einer heimtückischen Attacke, und mit dem Ausruf »Ha, at you now!« »Jetzt geb ich's dir!« stürzt er vorwärts und verwundet Hamlet. Das ist ein deutlicher Regelbruch. Erbittert wendet sich Hamlet gegen Laertes, und es kommt zu einem erhitzten Gefecht, wobei sie die Degen tauschen. Das heißt, Hamlet schlägt Laertes den Degen aus der Hand oder hebelt ihn weg. Dieser reißt Hamlet seinerseits dessen Degen aus der Hand, während Hamlet den auf den Boden gefallenen Degen des Laertes ergreift. Aber es könnte auch folgendermaßen aussehen: Hamlet ist verblüfft darüber, daß er verwundet wird, denn das war ja bei den abgestumpften Degen nicht möglich. Er legt seinen eigenen Degen ironisch auf die Erde, geht dann auf Laertes zu, reißt ihm den Degen aus der Hand, geht dann zurück und wirft ihm den eigenen abgestumpften Degen zu. Nach dem Degentausch gehen sie aufeinander los. Und Hamlet verwundet Laertes seinerseits mit dem spitzen vergifteten Degen.

Im selben Moment fällt die Königin. Es muß ein furchtbares Durcheinander beginnen: Osrick weist die Diener an, sich um die Königin zu kümmern. Horatio verweist darauf, daß die beiden Gegner sich verwunden. Osrick kümmert sich um Laertes und Horatio um Hamlet, während sich Hamlet seinerseits der Königin zuwendet. Der König muß nun verzweifeln: Es geht ihm alles daneben. Aber es fällt ihm immer noch etwas ein. Darin zeigt er sich als einen Trickster, der nie aufgibt. Er behauptet, die Königin sei nur ohnmächtig geworden, weil sie kein Blut sehen könne. Aber Gertrude hat noch Kraft genug, Hamlet mitzuteilen, daß ihr Wein vergiftet war. Da weiß Hamlet Bescheid. Er schreit die Diener an, überall die Türen zu verriegeln. In der letzten Minute seines Lebens übernimmt er das Kommando. »Es gibt einen Verräter!« Und dann bekennt Laertes: »It is here Hamlet …« und dann weist er auf das eigentliche Zentrum des Verrats, »The King, the King's to blame!« »Der König ist schuld!«

Nun tut Hamlet das, worauf man eigentlich nach der Mouse-Trap-Scene die ganze Zeit gewartet hat: Er verwundet den König. Das Durcheinander ist komplett. Alle schreien »Verrat!« Auch jetzt gibt der König nicht auf. Er will noch verteidigt werden, er sei nur verwundet. Darauf packt ihn Hamlet von hinten, legt ihm den Arm um den Hals, drückt ihm den Kiefer auf und gießt den vergifteten Wein in seinen Mund. Damit stirbt der König. Er stirbt so, wie er gemordet hat: durch Gift. Die Äquivalenz der Rache ist hergestellt.

Laertes hat noch die Kraft, Hamlet zur wechselseitigen Vergebung aufzufordern. Dann stirbt er. Hamlet verabschiedet sich von der Königin und wendet sich dann an die schreckensstarr zuschauenden Höflinge. Er redet sie als schweigende Zuschauer an. Er könnte ihnen alles erklären, wenn er nicht von diesem grausamen Offizier Tod gleich verhaftet werden würde. Da er zur eigenen Rechtfertigung keine Zeit mehr hat, bittet er Horatio, seine Geschichte zu erzählen. Horatio aber ergreift den Becher mit dem vergifteten Wein. Er will ihn trinken, um sich selbst umzubringen wie ein Römer.

Dann kommt es zu einem letzten Handgemenge zwischen beiden. Hamlet will ihn das Gift nicht trinken lassen und reißt ihm den Becher aus der Hand. Und er bittet Horatio, durch die Erzählung seiner wahren Geschichte seinen Namen und seine Ehre wiederherzustellen. Dann hört man Trommeln. Osrick geht zur Tür, um nachzuschauen. Er kommt zurück, um zu melden, daß der junge Fortinbras siegreich aus Polen zurückgekehrt ist und daß er auf seinem Weg zum Schloß die Botschafter aus England begrüßt. Es sind dieselben Botschafter, deren Ankunft Hamlets Interim beenden. Dieses Interim hat nicht lange gedauert. Was sie bringen würden, wäre die Nachricht vom Tod von Rosencrantz und Guildenstern.

Aber das zu hören hat Hamlet keine Zeit mehr. Während dieser letzten Minuten ist er de facto König. Es ist also an ihm, mit seiner *dying voice* seinen eigenen Nachfolger zu bestimmen. Er benennt Fortinbras. Das ist es, was er mit dem »He has my dying voice« ausdrückt. Die *election*, von der er dann spricht, bezieht sich auf die Bestätigung durch den Rat, »The King's Council«. All das soll Horatio ihnen mitteilen, zusammen mit den Begebenheiten, die dazu geführt haben, aber er kann den Satz nicht mehr zu Ende bringen, er stirbt, indem er den Tod selbst benennt: »The rest is silence.« »Der Rest ist Schweigen.«

Zuletzt wird das Stück mit einem Endtableau gerahmt. Zu diesem Zweck wird der soziale Kontext wieder erweitert: Es erscheinen gleichzeitig die Botschafter aus England und Fortinbras und seine Offiziere. Was Fortinbras vorfindet, ist ein Haufen erlegtes Wild, eine Strecke. »This quarry«, sagt er, »cries on havock!« Damit stilisiert er den Tod als einen stolzen Jäger, der mit einem einzigen Schuß so viele Prinzen erledigt hat, daß er ein Festmahl in seiner ewigen Zelle, also im Grabe anrichten kann. Das Festmahl, das am Ende der Komödie die Gesellschaft wieder vereint, ist hier ein Festmahl des Todes. Zuletzt wird dies noch erweitert durch die Botschaft, daß auch Rosencrantz und Guildenstern tot sind. Sie sind anderswo gestorben, aber ihr Tod gehört auf diese Bühne. Unter diesem Titel hatte Tom Stoppard ein neues Stück geschrieben.

Auch Fortinbras kommt von einem Festmahl des Todes, nämlich aus dem Krieg. Horatios Replik vereinigt beide Schauplätze des Todes. »You from the Polack War«, sagt er zu Fortinbras, und »You from England« zu den Botschaftern. Sie kommen pünktlich zum Festmahl. Wenn am Anfang des Stückes Gertrude zu schnell nach dem Tode ihres Gatten Hochzeit feierte, wird jetzt die Hochzeit mit dem Tod vollzogen. Horatio bittet Fortinbras, den Befehl zu erteilen, eine Plattform zu errichten, auf der die Leichname aufgebahrt werden. Er selbst, Horatio, werde erzählen, wie es zu diesem Massaker kam. »So shall you hear of carnal, bloody and unnatural acts.« »Von fleischlichen, blutigen und unnatürlichen Handlungen« – das sind die Verbrechen von Claudius: Ehebruch, Mord und Inzest. »Of accidental judgements« – von zufälligen Opfern, das bezieht sich auf Ophelias Tod, von »casual slaughters« – heute würde man sagen: von Kollateralschäden. Damit ist Polonius' Tod gemeint, und von »death put on by cunning and forced cause«, das ist der Tod von Rosencrantz und Guildenstern. Und schließlich von »purposes mistook, fallen on the inventor's head«, das ist das, was wir gerade im letzten Akt gesehen haben.

Dann erinnert Fortinbras an seine Rechte, die ihm sein Vorteil gebieten einzufordern. Horatio kündigt an, daß er auch darüber etwas zu sagen hat. Und das all dies schnell geschehen soll, damit endlich die Aufklärung all dieser Verhältnisse den wirren Zustands Dänemarks beendet. Da sich über der elisabethanischen Bühne kein Vorhang senkte, mußten die Leichen in irgendeiner Weise von der Bühne verschwinden. Das galt vor allen Dingen für den Helden, denn es wäre lächerlich gewesen, wenn er zum Schlußbeifall plötzlich wieder aufspringt. Eben deswegen müssen vier Offiziere Hamlet wie einen Soldaten, der auf dem Schlachtfeld gefallen ist, von der Bühne tragen. Damit wird die Ehrenhaftigkeit Hamlets betont. Dasselbe geschieht mit den anderen Leichen. »Denn«, so fährt Fortinbras fort, »solch ein Bild ist zwar passend für das Schlachtfeld, aber hier, im Palast, ist es fehl am Platz.« So rahmt Fortinbras mit seiner militärischen Montur das Massensterben am Ende des *Hamlet* und verleiht ihm einen würdigen Rahmen. Als Feldherr, der aus dem Krieg heimkehrt, steht er dem Tod nicht hilflos gegenüber. Und so ist es adäquat, wenn er das Kommando übernimmt. Er ordnet an, daß man Hamlet die militärischen Ehren erweist. »Let four captains bear Hamlet like a soldier to the stage. For he was likely had he been put on to have proved most royally. And for his passage the soldiers' music and the rites of war speak loudly for him!«

Damit endet das Stück mit einer offiziellen Restitution der Ehre Hamlets und mit einem Salutschuß. Zugleich endet es mit einer selbstbezüglichen Schleife, nämlich der Ankündigung, daß die Geschichte Hamlets nun erzählt werden soll. Und damit sind wir wieder am Anfang des Stückes. Anfang und Ende werden so zusammengeschlossen wie Tod und Leben. Am Ende des Lebens beginnt die Erzählung des Lebens. Das ist dann die Zweitfassung. Da wird der Sinn restituiert, um den sich das Subjekt während des Lebens ständig bemüht hat. Darin wird die Reflexion bestätigt, daß erst im Tod sich der Sinn des Lebens erfüllt. Die Vorwegnahme des Todes, um die es im *Hamlet* geht, ist die Antizipation der Geschlossenheit des Lebenszusammenhangs. Und der erfüllt sich erst in der Geschichte. [...] Am Ende des Dramas steht das Jüngste Gericht.

Stichworte zu Hamlet

1. Inszenierung

Hamlet ist das längste Stück Shakespeares und paßt kaum in eine normale Abendvorstellung von zwei bis drei Stunden. Nach der Shakespeare-Zeit wurde das Stück deshalb selten ganz vollständig gespielt. Man ließ gewöhnlich die Fortinbras-Handlung weg, so daß auch der Hamlet-Monolog anläßlich des Vorbeimarsches der Armee wegfiel. Da Fortinbras ja das Endtableau arrangiert, mußte auch dies geändert werden. In der Regel ließ man das Stück mit Hamlets Zeile »The rest is silence« aufhören. Der Theatermanager Berbaum-Tree dagegen war völlig hemmungslos. Er ließ das Stück mit Horatios Zeile enden: »Flights of angels sing thee to thy rest.« Dann hörte man von weitem einen Engelschor, der ein leises Echo sang auf »Good night, sweet Prince«. Dann hörte man in der Regel das Schluchzen der Zuschauer.

Von Streichungen gefährdet waren auch immer die Botschafter nach Norwegen und Reynold, der informelle Mitarbeiter von Polonius, sowie die Pantomime von *The Murder of Gonzago* und einige längere Redeteile von Marcellus und dem Geist. Erst 1899 wurde der ganze *Hamlet* zum erstenmal wieder vollständig gespielt. Dabei wurde aber eine Pause nach dem *Play within the Play* gemacht.

Die Rolle des Hamlet ist natürlich für Schauspieler die Rolle ihres Lebens, der Prüfstein ihres Könnens und die größte Herausforderung überhaupt. Da Hamlets Text wiederum 40 % des gesamten Textes des Dramas entspricht – und das ist ausgesprochen viel –, ist sie auch eine der größten Rollen, was ihren schieren Umfang betrifft. Alle großen Tragöden haben Hamlet gespielt, angefangen mit Garrick und Edmund Kean bis zu Henry Irving und den großen Schauspielern des 20. Jahrhunderts, die man vom Film her kennt: Laurence Olivier, Peter O'Toole, Alec Guiness, John Gielgud, Derek [Jakobi], Kenneth Brannagh u. a. Selbst Frauen haben sich der Rolle bemächtigt, so Sarah Bernhardt oder Asta Nielsen in einer Version, in der Hamlet tatsächlich eine verkleidete Frau ist, die Horatio liebt. In Deutschland erinnern wir uns vor allem an Bassermann, Max Reinhardt und Gustav Gründgens.

2. Kritik

Die erste kritische Studie ist eine anonyme Schrift von 1736 mit dem Titel: *Some Remarks on the Tragedy of Hamlet*, wahrscheinlich von Thomas Hanmer verfaßt. Bis dahin hatte niemand unter den Zuschauern und Lesern Hamlet vorgeworfen, er zögere zu lange mit seiner Rache. Erst jetzt, im Zeitalter der Empfindsamkeit, entdeckt man seine Sensibilität und seinen Weltschmerz. Aber auch Hanmer findet nicht hier den Grund von Hamlets

Zögern, sondern darin, daß ohne dieses Zögern das Stück zu früh zu Ende gewesen wäre. Erst Goethe beschert uns dann jene *schöne Seele*, jene reine, edle und moralische Natur, die durch den Racheauftrag des Geistes überlastet wird. Von da an werden immer neue Gründe gefunden. Der Kritiker Bradley nimmt an, Hamlet sei durch die Enthüllungen über die moralische Verworfenheit seiner Mutter gelähmt. Bradley war eben Viktorianer. Der Freud-Schüler Ernest Jones macht Hamlets Ödipus-Komplex verantwortlich: Hamlet sah seinen Onkel tun, was er selbst gern getan hätte, nämlich wie Ödipus seinen Vater erschlagen und mit seiner Mutter kopulieren. Und deshalb kann er Claudius nicht umbringen. Denn jedesmal, wenn er es versucht, wird er von seinen eigenen unbewußten Wünschen überschwemmt. T. S. Eliot – Dichter- und Kritikerpapst der Klassischen Moderne – hat festgestellt, das Stück sei überhaupt mißlungen, weil Shakespeare für die exzessiven Emotionen seines Helden keinen objektiven Bezugspunkt in der Wirklichkeit gefunden habe.

Nach der hohen Zeit der psychologisch orientierten Charakterkritik hat man eine Weile überhaupt vergessen, daß es sich bei Shakespeares Werken um Dramen handelt, also um Gebilde, die in der dialogischen Kommunikation und der Situation grundiert sind und die in der Regel Handlungen darstellen. Statt dessen hat man sie wie symbolistische Gedichte behandelt und die Metaphorik und die reine Bilderwelt Shakespeares analysiert. Damit breitete sich langsam ein Schleier gelehrter Unverbindlichkeit über die Stücke aus, der erst in den sechziger Jahren, also zeitgeistkonform, durch ein einziges Buch plötzlich weggerissen wurde. Es war *Shakespeare, our Contemporary*, auf deutsch *Shakespeare heute* des polnischen Kritikers Jan Kott, der eng mit dem Regisseur Peter Brook zusammenarbeitete. Er gab uns den politischen Shakespeare und den politischen *Hamlet*. Bei ihm sind die Figuren Shakespeares immer Objekte. Sie müssen Rollen spielen, die sie sich nicht ausgesucht haben. Sie sind Rädchen in einem großen Mechanismus, dem Mechanismus der Macht. Damit knüpft Kott an die Ursituation des Theaters an: Man will ein Stück spielen. »Sie sind der König«, bestimmt der Regisseur, » Sie Ophelia und Sie Laertes.« Das ist, wie wenn eine Widerstandsgruppe ein Attentat plant. »Du wirst an der Ecke stehen und das Tuch schwenken, sobald der Wagen kommt, Du fährst zu Z. und bringst die Munitionskiste...«

Tatsächlich entdeckt die Shakespeare-Zeit die Politik als eine eigene Sphäre, die, unabhängig von der Moral, ihren eigenen Gesetzen folgt. Machiavelli ist der erste, der die Politik nicht mehr moralisch, sondern technisch beschreibt. Erst diese Perspektive macht den Gedanken möglich, daß die Moral in der Politik eine unmoralische Rolle spielen kann, indem sie nämlich die Konflikte verschärft. Denn wer moralisiert, reklamiert in der Regel die Moral für sich und läßt dem Gegner nur die Unmoral, und das macht den Konflikt unlösbar. Das ist dann auch der zentrale Gedanke in einem Werk eines Shakespeare-Zeitgenossen, das unser Denken bis heute beeinflußt, Thomas Hobbes' *Leviathan*. Hobbes empfiehlt deshalb, das Gewissen aus der Politik herauszunehmen und zu privatisieren. Denn erst das verhindert, was er am meisten fürchtet: den Bürgerkrieg um den rechten Glauben, der gerade zu seiner Zeit dabei war, Deutschland in eine Schädelstätte zu verwandeln.

3. Verbrechen und Tragödie

Die Tragödie repräsentiert nun den Zusammenhang von gesellschaftlichen Krisen und Verfolgung eines Sündenbocks. Dieser Zusammenhang wird stets hergestellt durch Verbrechen, die die in der Gesellschaft gültigen Tabus verletzen: Vergewaltigung, Inzest, Bestialität und Gewalt gegen den König als der höchsten Autorität. Es sind immer die Verbrechen, die die Grundlagen der kulturellen Ordnung tangieren. Sie beschädigen das Prinzip gesellschaftlicher Organisation, nämlich die Hierarchie, oder, genauer gesagt, sie bestehen in einer Verwischung der Unterschiede, in einer Indifferenzierung und Auflösung der Ordnung, die in eine Phantasie der Amorphheit und des Verfließens mündet. Deshalb wuchern bei Shakespeare die Bilder von Korruption, Verwesung, Krankheit, Verschlammung, Unkraut, Verwilderung etc. Die überwältigende Wirkung von Shakespeares Dramatik hat damit zu tun, daß er uns die universalen Auswirkungen individueller Taten vor Augen führt. Mit der Suggestivität seiner Rhetorik gelingt es ihm, eine Verbindung herzustellen zwischen der Unbedeutendheit eines einzelnen Menschen und der Grandiosität der Gesellschaft. Dem leiht sich die Vorstellung von der Gesellschaft als Körper. Die Grundfigur jedes Verbrechens ist bei Shakespeare deshalb, was wir im *Hamlet* sehen: die Vergiftung. Damit ein einzelner Verbrecher eine ganze Gemeinschaft zerstören kann, muß er Kettenreaktionen auslösen. Kleine Anfänge müssen eine gewaltige Wirkung entfalten. Das Gift muß so hochprozentig sein, daß man mit wenigen Tropfen Hekatomben ermorden kann. Die Renaissance ist ein Zeitalter der Alchemie. Zugleich ist sie anfällig für Paniken, Judenmassaker, Sündenbockrituale und Hexenverfolgungen. Die Misogynie, die Frauenfeindlichkeit, in den Shakespeare-Tragödien enthält ein Echo davon. Eben das drückt der Sexualekel Hamlets gegenüber seiner Mutter aus. Er hat einen finsteren Beigeschmack.

4. Kunst und Erinnerung

Kunst teilt mit Erinnerung das Prinzip der Doppelung. Sie schafft eine neue Welt, um durch den Vergleich mit der wirklichen Welt uns dazu zu provozieren, das wiederzuerkennen, was gleichbleibt. Eine Rose ist eine Rose, ob im Garten oder auf der Leinwand. Was identisch ist, ist die Form. Die Form als das Wiedererkennbare, an das wir uns erinnern, wird als Wesen begriffen. Die Erinnerung ihrerseits ist mit den Toten verknüpft. Der Ursprungsmythos der Erinnerung hält das fest. Die Musen beziehen ihr Wissen aus dem Wasser, das aus dem Schoß ihrer Mutter Mnemosyne fließt, gefüllt mit der Weisheit der Toten. Aber der Ozean des Erinnerns enthält auch das Vergessene. So muß das Erinnerte im strengeren Sinne durch mnemotechnische Anstrengungen, also durch bewußtes Erinnern, gerettet werden. Und Mnemotechnik wird im Unterschied zum ozeanischen Gedächtnis der Mnemosyne mit einer Bilderwelt kultureller Artefakte verbunden, vor allen Dingen mit Schrift, mit der Buchkultur und der Architektur. Mit der Erfindung der Schrift und vollends mit der Erfindung des Buchdrucks verließ die Erinnerung das Meer und kroch wie die Amphibien an Land. Vor der Erfindung des Buchdrucks entwickelte man zur Systematisierung des Wissens deswegen Erinnerungssysteme.

Ein solches Erinnerungssystem etwa ist Dantes Hölle, in der jede Tugend und jedes Laster seinen Platz hat. Wenn Vergil nun Dante durch dieses Museum führt, sehen wir die mittelalterliche *ars memoriae*. Sie besteht aus einer Art realistischer räumlicher Projektion von Erinnerungsorten. Man merkte sie sich anhand eines Hauses oder eines Innenhofes mit Arkaden, einer Reihe distinkter Erinnerungsorte, dann setzte man Bilder der Dinge, die man sich merken wollte, unter jede der Arkaden, und wenn man sich an sie erinnern wollte, unternahm man einen geistigen Spaziergang durch den Innenhof oder das Haus, wie eben Dante durch die Hölle.

Die zugehörige Metapher für das Gedächtnis war das *Schatzhaus*. Da Dinge leichter erinnert werden als Worte, mußten diese durch Bilder ersetzt werden. Und nun ist man erstaunt, wenn man ein Lehrbuch wie *Ad haerennium* anschaut, ein Textbuch der *ars memoriae*, und dabei ein Beispiel anschaut: Der Schüler wird aufgefordert, sich vorzustellen, er habe einen Mann vor Gericht zu verteidigen, der beschuldigt wird, einen Verwandten wegen dessen Erbe vergiftet zu haben.

Das zugehörige Erinnerungsbild sieht folgendermaßen aus: Das vergiftete Opfer liegt auf dem Bett, auf dessen Rand sitzt der Mörder, in seiner Rechten einen Becher mit Gift, in seiner Linken eine Schreibtafel und am Finger seiner linken Hand die Hoden, die *testiculi*, eines Schafsbocks. Der Becher wird ihn an den Mord erinnern, die Schreibtafel an das Testament und an das Erbe, und die *testiculi* werden ihn, wegen ihrer phonetischen Ähnlichkeit mit *testes*, an die *Zeugen* erinnern. Es ist augenfällig: Das weist große Ähnlichkeit mit solchen dramatischen Mnemotechniken wie Hamlets *dumb show* in der *Mouse-Trap-Scene* auf. Alle Ingredienzien sind da: der Mörder, die Phiole mit dem Gift in der Hand, der schlafende König, daneben seine Krone als sein Erbe und selbst Hamlet, der die Schreibtafeln eingesteckt hat als Zeuge von alldem. Alle Textbücher betonen, daß Erinnerungsbilder dramatisch emotional geladen und affektiv deutlich profiliert zu sein haben, um die Erinnerung zu faszinieren. Die Mnemotechnik wurde dann während des Mittelalters systematisiert und in einen religiösen, moralischen und kosmologischen Zusammenhang gestellt, um die Seele an Himmel und Hölle und an die irdische Vergänglichkeit zu erinnern. In Zusammenarbeit mit Intelligentia und Prudentia macht Memoria die Trinität der Klugheit aus, die auf Vergangenheit, Gegenwart und Zukunft bezogen ist. »Richte deine Erwartungen auf den Himmel, nutze die Gegenwart für den Erwerb von Tugend und gedenke der Hölle!« Das entspricht Dantes Einteilung seines Erinnerungssystems in Inferno, Purgatorio und Paradiso.

Der Buchdruck macht nun diese Art der Mnemotechnik unnötig. Die Humanisten diskreditieren sie, und die neuen Naturphilosophen wie Descartes oder

Bacon ersetzen sie durch Beobachtung, Rückführung auf Gründe und Deduktion als erste Prinzipien. Das macht die Mnemotechnik zur Beute des wilden Denkens. Es kommt zu einer Wiedergeburt aus dem Geiste des Neoplatonismus. Und diese neue Mnemotechnik ist ein Bastard, eine Mischung aus hermetischer Weisheit, Kunst und okkulter Proto-Naturwissenschaft, wie sie uns *Doktor Faustus* oder *The Tempest* vorführen. Auf der Basis der Korrespondenz zwischen den Erinnerungsorten des kosmischen Astralsystems mit dem Mikrokosmos des Menschen verwandelt sich Mnemotechnik in Magie. Der orientalische Kalender, der einst ein bloßes mnemotechnisches Orientierungsmittel war, um eine Ordnung in den Ozean der Zeit mit Hilfe der Tierkreiszeichen einzuschreiben, wurde zu einem magischen System astraler Einflüsse. Der Planet Saturn wurde zum Herrn der Zeit der Erde und der Melancholie.

5. Saturn und Melancholie

Der Saturn ist zugleich der Planet der Erde und der Zeit. Und aus dem antiken Mythos wußte man, daß *Chronos*, also die Zeit, ihre Kinder frißt. *Tempus edax rerum*. Damit wird die Zeit widersprüchlich: Sie bringt alles hervor, aber sie verschlingt auch alles. Dieser Doppelung wird der Saturn nachgebildet. Die Melancholie, die unter seinem Zeichen gedeiht, ist widersprüchlich: Einerseits produziert Melancholie Trägheit und Stumpfsinn, auf der anderen aber enthält sie die Kraft der Intelligenz und der Kontemplation. Sie vereinigt Trübsinn und Ekstase. Das entspricht der Dualität des

Saturn. In seiner Qualität ist er der kalte, trockene, erdenschwere Stern. Auf der anderen Seite hat er aber die höchste Lage aller Planeten und korrespondiert deswegen mit dem spirituellen Charakter des Menschen. Die Furcht vor dem Saturn steht im Mittelpunkt des Sternenglaubens. Der Monatsbeherrscher, der griechische Zeitgott und der römische Gartendämon werden zusammengezogen zum Todesbild, zum Schnitter Tod mit der Sense.

Für die Renaissance stellte sich die Frage, wie es gelingen kann, dem Saturn die Geisterkräfte abzulauschen und doch dem Wahnsinn zu entgehen. Dieser Versuch wurde von Ficino, dem Florentiner, zur *melancholia heroica* stilisiert. Die Forschungen Hamlets, seine Überprüfungen des Geistes und seine Selbsterforschung können in diesem Licht gesehen werden. So kann dann der Saturn zum Schutzherrn der erhabensten Forschung werden. Zu den Requisiten der Melancholie zählt der schlafende Hund wie auf Dürers Holzschnitt. Er wird mit dem Gemütszustand der Melancholiker assoziiert, denn von Hunden wußte man, daß sie träumten. Auch der Melancholiker gewinnt seine Einsichten aus der Tiefe und aus dem Schlaf. Sein Blick ist gesenkt, der grübelnde Blick schaut nach unten. Er ist auf die Erde gerichtet, auf das Element, das der Melancholie zugeordnet ist. Entsprechend ist der Teufel, mit dem Hamlet konfrontiert wird, ein Erdgeist, den er »alter Maulwurf« nennt. Hier wohnt dann die *acedia*, die *Trägheit*. Eine Todsünde. Die Trägheit des Herzens ist die Bedrohung für den Fürsten.

An den Fürstenhöfen wohnt der Verrat. Nichts hat Bestand. Alles ändert sich. Die Treulosigkeit ist die

Nachbarin des Verrats. Und diese Untreue ist letzten Endes eine Untreue der Zeit. Sie verläßt alles und wendet sich immer wieder Neuem zu. Deshalb wird der alte König schnell vergessen, und dem neuen jubelt man zu. »The King is dead, long live the King!« All diese Bilder versammeln sich zu einer Ikonographie der Melancholie. Deren größte Gestalt in der europäischen Literatur ist Hamlet.

Nachwort des Herausgebers

»Shakespeare und alles, was ihn für uns zum kulturellen Gedächtnis macht« – so lautete der Arbeitstitel des Buches, das Dietrich Schwanitz nach der Veröffentlichung von »Bildung. Alles, was man wissen muß« und »Männer. Eine Spezies wird besichtigt« zu schreiben begann. Darin sollten sämtliche (!) Dramen William Shakespeares nicht nur nacherzählt, sondern auch interpretiert und in ihren zahllosen Bezügen und Mehrdeutigkeiten dargestellt werden.

Wie auch in den vorausgegangenen Fällen stand vor dem eigentlichen Schreibprozeß eine längere Phase des Suchens, des Um- und Einkreisens. In zahlreichen Gesprächen näherte sich Dietrich Schwanitz seinem Thema an, suchte nach dem besten Zugang, der geeigneten Schreibhaltung, nach dem richtigen Ton. Aus heutiger Sicht ist es bedauerlich, daß keine Mitschriften dieser Gespräche existieren, denn Dietrich Schwanitz war ein Meister der freien Rede, die nicht selten druckreifen Charakter annahm. Als nächste Stufe folgte das Diktat des Textes, der dann erfaßt wurde und als Grundlage für den eigentlichen Schreibprozeß diente. Dieses Verfahren ermöglichte es Schwanitz, im Laufe der Arbeit zahlreiche Veränderungen vorzunehmen, Streichungen, Erweiterungen, Umstellungen, bis schließlich eine Erstfassung für das Lektorat vorlag.

Der vorliegende Text hat diesen Prozeß nicht durchlaufen. Er ist Teil eines auf mehreren Musikkassetten vorliegenden Konvoluts, das über das erste Stadium nicht hinausgelangte. Die Nacherzählung des »Hamlet« ist das einzige in sich geschlossene Textstück, das Dietrich Schwanitz zu Ende diktierte und von einer Mitarbeiterin erfassen ließ. Neben dem »Hamlet« gibt es noch ein zwar das gesamte Drama erzählende, jedoch stark lückenhaftes Fragment über den »Lear«, eine ebenso lückenhafte erste Fassung von »Der Kaufmann von Venedig« und ein Bruchstück über »Der Widerspenstigen Zähmung«. Der Herausgeber und die Familie Schwanitz haben nach eingehender Prüfung beschlossen, diese Fragmente nicht durch Ergänzungen lesbar zu machen, sondern lediglich jenen Text zu veröffentlichen, der einer Endfassung, wie sie Dietrich Schwanitz vorgeschwebt haben mußte, am nächsten kommt. Deshalb wurde der ursprünglich geplante Titel in »*Hamlet* und alles, was ihn für uns zum kulturellen Gedächtnis macht« geändert. Ohnehin findet sich glücklicherweise in dem Text über »Hamlet« in hochkonzentrierter Form vieles von dem wieder, was Schwanitz über Shakespeare zu sagen hatte. Gewiß wären die Nacherzählungen der übrigen Dramen kürzer geworden, dennoch läßt der Umfang des Hamlet-Textes erahnen, welche Dimensionen das Gesamtwerk angenommen hätte. Dieser immense Umfang war neben anderen gewiß ein Grund, weswegen Dietrich Schwanitz die Arbeit am Shakespeare-Buch immer wieder unterbrach und sich in den Monaten vor seinem

Tod zwischenzeitlich auch noch einem anderen Projekt zuwandte. Doch wie Schwanitz die Texte für eine endgültige Buchfassung überarbeitet und verändert hätte, bleibt der Spekulation überlassen.

So legen wir dem Publikum mit diesem nachgelassenen Fragment aus dem großen Shakespeare-Projekt ein Buch vor, das bei aller Skizzenhaftigkeit und Vorläufigkeit doch immerhin eine Ahnung von dem vermittelt, was Dietrich Schwanitz mit seinem Gang durch den Dramenkosmos Shakespeares erreichen wollte: einen lebendigen Blick auf den »Dichter aller Dichter«, dessen Werk Schwanitz jenseits aller oberflächlichen Aktualität als unser kulturelles Gedächtnis erfahrbar macht.

Editorische Anmerkungen

Der vorliegende Text wurde für diese Ausgabe nur leicht bearbeitet und korrigiert. Da Dietrich Schwanitz Shakespeare extensiv in Original und Übersetzung offenbar aus dem Gedächtnis zitiert, gab es hin und wieder kleinere Fehler und Ungenauigkeiten. Diese Fehler wurden ebenso korrigiert wie offensichtliche Auslassungen hinzugefügt wurden. Die Ergänzungen sind durch eine eckige Klammer gekennzeichnet. Außerdem wurden Stellen, wo der Text nicht mehr rekonstruierbar war oder die Erzählung offenkundig springt und Teile des Dramas unberücksichtigt läßt durch eckige Klammern gekennzeichnet.

Die Zitate wurden mit den gängigen deutschen Shakespeare-Übersetzungen abgeglichen. Dabei wurde festgestellt, daß Schwanitz dort, wo er nicht selbst übersetzt, ausschließlich der kanonischen Übersetzung von Schlegel/Tieck folgt, besonders in den sprichwörtlich bekannten Passagen (wie etwa den großen Monologen Hamlets). Ansonsten bemüht sich Schwanitz um eine teils sehr textnahe, teils aber auch nur paraphrasierende Übersetzung. Im Text wird stets auf die Übersetzung durch Schlegel/Tieck hingewiesen; wo nicht, stammt die Übersetzung von Schwanitz.

Die Lücken im Text haben verschiedene Ursachen. An manchen Stellen ist durch die technische Qualität der Aufnahme (d.h. durch das andauernde Stoppen und Vorspulen des Bandes) ein Wort oder Halbsatz unverständlich geworden; an anderen ist durch das Reißen des Bandes oder Bandsalat ein kurzes Stück vollständig zerstört worden. Da Dietrich Schwanitz den vorliegenden Ausdruck nicht mehr bearbeitet hat, wurden die Lücke auch nicht mehr durch ihn ergänzt und wurden deshalb auch in der vorliegenden Ausgabe so belassen.

Überdies wurden Satzzeichen und Absätze sowie die ebenfalls nicht mitdiktierten Kursivierungen und Anführungstriche auf sinnfällige Weise in den Text eingebaut.

Der Herausgeber bedankt sich bei Frau Angela Denzel für das Erfassen des Textes und bei Frau Verena Bremer für die Durchsicht und Korrektur der Zitate sowie die Prüfung der Shakespeare-Übersetzungen. Vor allem aber gilt der Dank der Familie Schwanitz dafür, dieses Fragment aus dem Nachlaß zur Veröffentlichung freizugeben.

Frankfurt, im Juli 2006

Alles, was man wissen muß

Dietrich Schwanitz
Bildung
Alles, was man wissen muß
Gebunden mit Schutzumschlag
720 Seiten, vollständig illustriert
Euro 29,90 (D) · sFr 44,90
ISBN 3-8218-3963-5

Auf seiner »Blitztour durch Geschichte und Literatur, Kunst und Weltbilder« (Der Spiegel) breitet Dietrich Schwanitz »mit Witz und Verstand aus, was zivilisierte Westeuropäer kennen müssen« (Die Welt).

Über 1000 ausgewählte Fotos und Illustrationen, eine Zeittafel, informative Kürzestfassungen von »Büchern, die die Welt verändert haben«, Tips zum Weiterlesen und ein ausführliches Namensregister machen dieses Handbuch zu einem besonderen Vergnügen.

Eichborn
Kaiserstraße 66
60329 Frankfurt/Main
Tel. 069/25 50 03-0
Fax 069/25 60 03-30
www.eichborn.de

Wir schicken Ihnen gern ein Verlagsverzeichnis.

Bildung zum Hören

Dietrich Schwanitz
Bildung
Alles, was man wissen muß
Die Höredition – Sonderausgabe
Sprecher: Matthias Ponnier
12 CDs, ca. 850 Minuten
Euro 29,95 (D) · sFr 57,90
ISBN 3-8218-5377-8

»Eine Frechheit, ein Vergnügen, eine längst fällige Provokation«, urteilte die *Zeit* über Dietrich Schwanitz' überraschenden Coup, die Geschichte Europas, Kunst und Musik, Literatur, Philosophie, Sprache, Denken und Wissen und die Welt des Buches in einem Buch zusammenzudenken. Jetzt gibt es den Schwanitz-Klassiker auch als vollständige Hörbuchedition zum Sonderpreis, gelesen von Matthias Ponnier.